ROSEBUD

Pierre Assouline

ROSEBUD
Fragmentos de biografias

Tradução de
Carlos Nougué

Título original
ROSEBUD
Éclats de biographies

© Éditions Gallimard, 2006

Direitos para a língua portuguesa reservados
com exclusividade para o Brasil à
EDITORA ROCCO LTDA.
Av. Presidente Wilson, 231 – 8º andar
20030-021 – Rio de Janeiro – RJ
Tel.: (21) 3525-2000 – Fax: (21) 3525-2001
rocco@rocco.com.br
www.rocco.com.br

Printed in Brazil/Impresso no Brasil

CIP-Brasil. Catalogação na fonte.
Sindicato Nacional dos Editores de Livros, RJ.

A869r	Assouline, Pierre, 1953-
	    Rosebud: fragmentos de biografias/Pierre Assouline; tradução de Carlos Nougué. – Rio de Janeiro: Rocco, 2010.
	
	    Tradução de: Rosebud: éclats de biographies.
	    ISBN 978-85-325-2500-0
	
	    1. Celebridades – Biografia. 2. Biografia – Séc. XX. 3. Biografia – Séc XIX. I. Título.

09-6156	CDD–920.02 CDU–929

A Monique Assouline,
minha mãe.

Não busque a palavra-chave de um enigma.
O segredo tem a sua razão de ser.
　　O fato de não haver respostas para certas questões deveria multiplicar o número de pessoas felizes.

ROBERT PINGET

Sumário

1. Rosebud *11*
2. A "Duquesa" de Kipling *19*
3. A bengala-banco de Monsieur Henri *54*
4. Celan sem seu relógio *73*
5. Sob o cachecol de Jean Moulin *101*
6. Os sapatos novos de Mr. Owen *136*
7. Uma placa: rua dos Grands-Augustins *164*
8. Nos bolsos de Bonnard *182*
Reconhecimento de dívidas *203*

1

Rosebud

Tendo conquistado o mundo, um homem transido de solidões engolfa-se na nostalgia de sua infância. Enquanto vive os seus últimos dias, um repórter empreende mergulhar no seu passado. Ele recolhe testemunhos. Consulta arquivos. E depara com um enigma feito de uma só palavra que o velho homem murmura sem parar: "*Rosebud... rosebud... rosebud... rosebud...*"

Agonizante, o velho homem manuseia uma bola de cristal que contém uma paisagem nevada. A criança que ele foi aparece-lhe escarranchada num pequeno trenó, incorporando-se a ele, vivendo com ele; no instante crucial em que se vem tirá-lo de seus pais, ele o abandona para sempre; na neve, diante da casa, o trenó já não é mais que um pedaço de madeira ordinária.

A criança torna-se um dos homens mais poderosos do seu tempo. Toda a sua vida, porém, gira em torno deste objeto, que ocupa um lugar central na sua mitologia pessoal.

Após a sua morte, os homens encarregados de esvaziar o seu castelo lançam ao fogo as coisas sem valor. Os detalhes de uma vida. O trenó queima por último.

Tudo isso se passa num filme. *Citizen Kane*.

Há mais de trinta anos que eu busco esse *rosebud* (botão de rosa) em todas as pessoas. Esse pequeno nada que nos revela revelando-nos aos outros. Toda investigação é governada pela curiosidade: o gosto dos outros humaniza. Mas, para que ela se torne obsessão, é preciso um pouco mais. O repórter Thomson sou eu. Um livro, um filme ou um quadro, mesmo às vezes um olhar do outro lado da mesa, ou até um sorriso entre duas estações de metrô, o bater de asas de uma borboleta numa tarde de verão podem comprometer uma vida.

Citizen Kane, assim, me fez biógrafo.

Chega um dia em que as provas fadigam a verdade. O biógrafo surpreende-se então por ter a exatidão a distância. Não que ele despreze o documento; ele espera, ao contrário, fazê-lo devolver a alma.

Que dizer da volúpia da focalização no infinitamente pequeno? O biógrafo acumula incontáveis detalhes, mas termina sua carreira no tempo frustrado por não ter aprofundado nenhum. Há algo de Ingres nele, porque, como lhe sugeria o pintor, ele obriga "esses pequenos importantes". São as exigências do gênero: respeito às formas e proporções, harmonia dos capítulos, obsessão da digressão. Nada fora do assunto, nada o deve ultrapassar.

O biógrafo é um fornecedor por atacado, um comerciante de detalhes.

Na sua obsessiva investigação do *rosebud*, ele não pode desprezar os detalhes. Pois é neles que tudo se passa. É neles que se desenrola o essencial do teatro de sombras do seu herói.

Ele o ignora, mas deve muito a dois grandes perambulantes de museus, Kenneth Clark e Daniel Arasse. Esses perscrutadores de quadros estão entre os que modificaram o nosso olhar. O primeiro em 1938, o segundo em 1992. Eles nos ensinaram a avançar três passos para nos inclinarmos diante das obras. Pois nada é menos evidente que ver com os nossos próprios olhos o que se apresenta sob os nossos olhos.

Que força nos move, assim, a isolar uma parte de um todo? Não se sabe. Assim como nos museus a maior parte dos visitantes não se detém em nada. É uma questão de geração, crê-se. Robert Doisneau, que se dizia "foutugraphe", assegurava, ao contrário, que a captura do detalhe é apanágio dos jovens olhares; quanto mais avançamos em idade, mais nos afastamos dele; no crepúsculo de uma vida, o olhar se tornou de tal modo perspectivo que é preciso fazer um grande esforço para se desfazer do conjunto e isolar uma ínfima parte dele. Assim, no final, o detalhe vale por si, enquanto no início ele se oferece.

Tal quadro tem o poder de atração de um vitral da catedral de Chartres. A sua luz vem do interior. Ele age como um amante, depois nos dirige para um ponto preciso que capta então a totalidade da nossa atenção. Apesar de que mais perto não se vê melhor: chega-se a ver outra coisa.

Ora, isto se dá tanto numa vida como numa obra de arte. Sucede que a beleza do detalhe traz à baila o gênio do conjunto. Voltaire o disse de uma vez por todas: a poesia não é feita senão de belos detalhes, não se pode escapar a isso. Como, então, ainda se ousa denunciar a sua tirania?

Na sua história próxima da pintura, Daniel Arasse sustenta até que só o detalhe pode verdadeiramente oferecer surpresas e recompensas. Ele abre perspectivas insuspeitas. Ocorre-lhe passar uma mensagem diferente da sugerida pelo conjunto do quadro.

Os detalhes são os refúgios das maravilhas da vida. Não se encontra neles, na verdade, nem Deus nem o diabo. Justamente o aspecto soberano do segredo. Não é de espantar que Proust fosse tido por bisbilhoteiro de detalhes, ele que buscava grandes leis. O seu romance constitui um minucioso inventário deles, cujo ápice é o pequeno pedaço de parede amarela sob um anteparo da *Vue de Delft* de Vermeer.

Na primeira vez que Proust tem a visão de Haia, a sua descoberta o transtorna. Vinte anos depois, em outra exposição em Paris, o impacto é tão forte que quem o acompanha tem de segurá-lo. Essa vertigem, o autor de *Em busca do tempo perdido* a transporá para a sua descrição da morte de Bergotte em *A prisioneira*. O velho escritor expira olhando a extremidade direita do quadro de Vermeer. Assim, um detalhe pode invadir toda a superfície da tela, espalhar-se até devorar o olhar do espectador, absorvê-lo até o asfixiar. Ele mata o quadro sublimando-o. Um detalhe pode ser mais belo que "o mais belo quadro do mundo", de tanto que a sua beleza se basta a si mesma.

O biógrafo, por seu lado, faz incessantemente transbordar a pintura da moldura. Ele busca em todos os lados irmãos secretos do Rafael que inventou uma covinha na sua *Santa Cecília*. Ele planeja dar-lhe também um retrato cujo título, tal como o *cartouche* sob o quadro, se seguiria da menção "detalhe". Tudo reside na respiração após a vírgula.

Roland Barthes pensa em escrever uma biografia. Em vista disso, inventa biografemas, ou seja, unidades que seriam traços sem união: o manguito branco do Marquês de Sade quando aborda Rose Keller, o gosto do teórico Fourier pelos pequenos *pâtés* parisienses com especiarias chamadas *mirlitons*, os olhos azuis rasos de lágrimas de Inácio de Loiola. Barthes faz votos para que um dia o seu próprio biógrafo seja bastante impertinente para tratá-lo com tal leveza. O homem está tanto nos seus gostos como nos seus segredos. Nada de miserável nisso.

Marguerite Duras faz a cama todas as manhãs, senão ela não pode trabalhar. O doutor Destouches, que coabita na sordidez com Louis-Ferdinand Céline em Meudon, é autor de uma tese de medicina sobre a assepsia. Michel Leiris ejacula trezentas páginas quando a fita enrolada por Manet no pescoço de Olímpia lhe salta aos olhos. O que Baudelaire prefere no teatro é um belo objeto cristalino, complicado, circular e simétrico: um lustre. Os esposos Tolstoi burlam o seu inferno conjugal escrevendo em segredo, cada um por seu lado, o seu diário íntimo, na sua mansão de Iásnaia Poliana, que regurgita de retratos deles. Toda a obra de John Le Carré é secretamente irrigada pelo brusco e inexplicável abandono de sua mãe, de quem não resta senão uma mala de couro branco com as suas iniciais. Samuel Beckett passa o fim da vida num pequeno quarto de um asilo do 14º distrito de Paris, que ele deixa para ir às compras e limpar a cozinha de um casal de amigos músicos entrevados, que ficaram na miséria. O mexicano Carlos Fuentes diz-se obcecado por *Citizen Kane*, e toda a sua obra lhe faz homenagem, a começar por *A morte de Artemio Cruz*, que se inclina diante do seu espectro encantador. Music e Giacometti caminham lado a lado, dos cafés de Montparnasse para os seus ateliês de Alésia, sem trocarem uma só palavra. De quantos silêncios desta intensidade a noite parisiense pode orgulhar-se?

Todos os fragmentos de biografias são sombras de verdades. Isolá-los para colocá-los um a um sobre o vidro despolido do microscópio é já de alguma maneira investigá-los. Eles não têm existência histórica senão pela importância que se lhes dá. Extravagante talvez, resolutamente arbitrário e grandemente subjetivo. Que importa, no fundo, já que o essencial de uma vida jaz no inefável?

Somos numerosos os que temos, à falta de uma concepção do mundo, uma sensação do mundo. De fato muito numerosos, vivemos mergulhados nas nossas leituras e convencidos de que se lerá sempre melhor um destino no mais profundo dessas pequenas coisas amiúde expulsas para as suas margens do que na sua epopeia.

Nesta multidão de detalhes, alguns, muito raros, têm valor de *rosebud*.

Um dos meus se encontra num bar da rua Delambre, no 14º distrito de Paris. No dia em que Montparnasse for transformado num museu da vida de outrora, à imagem de toda a cidade, este lugar deverá ser classificado como monumento histórico. Um dos raros que se conservam voluntariamente em seu ambiente desde há meio século. Ele tem o cheiro, a cor e o brilho do *jazz* em 33 rotações arranhadas. Os garçons envelheceram e engordaram com a clientela. Já fui muito lá, vou às vezes, irei certamente. Um copo de vinho, o burburinho das conversas, um *chili con carne*, o sorriso de um amigo reencontrado e o milagre intacto de Billie e Lester, não é preciso mais para viajar muito longe. É um desses lugares em que se pode flutuar durante horas empoleirado num tamborete. A propósito, ele se chama Le Rosebud, verdadeiramente.

A busca permanente do *rosebud* é um estado de espírito. Penetra-se no labirinto subterrâneo de um indivíduo sem saber quando e como se sairá dali. Nem o que levará consigo. Mas tudo isso deve ser feito com a ligeireza que dá a distância, com certa forma de graça. Senão se termina, à maneira dos eruditos absolutos, carcomido por esse puro câncer que William Blake chamava a "saúde do detalhe ínfimo".

O *rosebud* pode ser uma roupa, um objeto, um gesto. Uma obra de arte ocasionalmente. Ou uma madalena. Pode ser um traço ou uma impressão. Às vezes até uma simples página de livro. Ou uma palavra. Originalmente, no espírito de Orson Welles, o *rosebud* era um verso de um poema romântico antes de se fixar finalmente no trenó de uma criança. Que importa se se trata justamente de um detalhe, desde que seja um detalhe justo?

Citizen Kane é a matriz da biografia moderna.

Há alguns anos, por algumas dezenas de milhões de dólares, Steven Spielberg comprou o trenó do filme e o pendurou em cima da sua máquina de escrever. Era esse verdadeiramente o original? O aderecista já não o pode testemunhar: já morreu há muito tempo. Em 1939, foram feitos três trenós para o filme. Dois se queimaram durante as filmagens. O terceiro foi esquecido num depósito da Paramount, que lhe serviu de relicário até a venda.

Destino dos nossos mitos: o museu, o depósito ou o esquecimento.

Os doze Césares de Suetônio, *Três mestres* de Stefan Zweig, *Eminent Victorians* de Lytton Strachey, *Four Dubliners* de Richard Ellmann. Não é de hoje que os maiores biógrafos praticam o reagrupamento familiar. Às vezes, o laço impõe-se por si mesmo. Outras vezes, eles são o laço. Mas de que eles falam a todo instante senão de si mesmos através dos outros? A sua escolha os desvela, quando não os denuncia.

Eu me rendo.

2
A "Duquesa" de Kipling

Curiosamente, a história literária do Reino Unido não reteve que Rudyard Kipling sempre dirigira Rolls-Royces. Ou antes os possuía, porque a sua febre automobilística não chegava a fazê-lo esquecer o seu lugar, no banco de trás. Se excetuarmos a sua locomóvel a vapor, uma Lanchester, e a Daimler dos seus inícios.

Cada vez mais possantes, os seus Rolls-Royces sucederam-se na garagem da sua propriedade de Bateman, o seu povoado de adoção perto de Burwash, no East Sussex. O detalhe não teria escapado ao historiador da arte Erwin Panofsky se o tivesse sabido; apostemos até que teria enriquecido a sua famosa teoria sobre os antecedentes ideológicos da calandra Rolls-Royce, admirável concentrado de influências artísticas que a Inglaterra conheceu, porque a sua calandra palladiana é coroada por essa tão famosa e romântica tampa ornada de uma *Silver Lady* de silhueta *art nouveau*.

Os Rolls-Royces de Kipling eram a sua felicidade. Eles convinham perfeitamente à sua fibra nômade. Grande viajante por gosto, ele sabia que o era por necessidade, na impaciência de fugir de uma casa onde sua mulher reinava absoluta.

Foi o seu amigo lorde Montagu, segundo barão Montagu de Beaulieu, o qual lhe inoculou, numa vilegiatura na França, o vírus dos veículos de luxo: é por muito tempo lembrada a sua qualidade, ao mesmo tempo que se lhe esquece rapidamente o preço. Em 1911, quatro anos após ter recebido o prêmio Nobel de literatura, Kipling comprou o seu primeiro Rolls-Royce, por ele batizado "The Green Goblin" (o duende verde); depois o trocou por um *Silver Ghost* de mesmo verde-escuro. Ele o chamou "Duquesa". Uma mania compartilhada por T. E. Lawrence, mais conhecido como "Lawrence da Arábia", que batizava as suas motocicletas – uma venerável Triumph, uma série de Brough Superior – "George I", "George II", "George III" e assim sucessivamente até "George VII", em homenagem não a uma improvável dinastia, mas ao construtor.

Em 1921, esgotado de dias e de fadiga, o décimo Rolls de Kipling se apaga diante de uma novidade, nova e garrida. Um dilaceramento para o seu proprietário. Ele era o seu laço secreto com o mundo, o de antes de 14. *The Kipling Journal*, editado trimestralmente em Londres desde 1927 pela The Kipling Society, não bisbilhota esse assunto.

E, no entanto... Com Kipling como general do exército morto, a "Duquesa" tinha visto o tédio durante os seus dez anos de serviço.

O que vem em seguida não é uma história de duquesas, como julgou dever dizer o Gide da *Busca* após ter-lhe dado uma olhada no manuscrito. Nem sequer o relato de uma paixão pioneira pelos automóveis. Precisamente a história de um homem e seu filho. Salvo que um era o ícone vivo do Império Britânico, e o outro, um filho dele.

If... Se...

Estamos em 1914. O céu se ensombra sobre a Europa. Um céu de fuligem anunciador de tormentas de ferro. Rudyard Kipling é pai de três filhos. John, o único filho homem, é o caçula. Joséphine, a mais velha, morreu aos seis anos de uma coqueluche agravada durante uma espera interminável por um frio tremendo na alfândega de Nova York. Elsie, a segunda filha, ainda não se casou.

Nas primeiras horas do conflito mundial, John Kipling ainda nem tem dezessete anos. Ele carrega nas costas o fardo do seu nome. Um motivo de orgulho às vezes pesa toneladas. O seu nome de batismo também lhe custa, tendo-lhe dado o pai o nome de seu próprio pai.

Rudyard Kipling, como se tivesse entrado na história ainda em vida, já não é chamado senão por "Kipling". É bem mais do que ser um "poeta laureado" armado por Sua Majestade. Kipling declina polidamente, mas regularmente, os títulos e outros guizos de vaidade que se lhe oferecem. Por exíguos que sejam seus aposentos, os lordes não são menos de certo número, enquanto não há senão um só poeta de que as pessoas se lembrem para dizer que sua influência se estende sobre o Império. Nada é superior na ordem do prestígio. O rumor do mundo precedeu o fulgor do Nobel. Em 1900, é já objeto de uma biografia, a primeira de uma longa série, uma provação para ele, que tem o gênero como canibalismo superior.

No momento em que a Inglaterra declara guerra à Alemanha, Kipling está com quarenta e nove anos. Os seus títulos não são títulos de cortesia: *O livro da selva, Kim, Três soldados, Os sete mares, O fantasma Rickshaw...* É difícil medir hoje a glória de um Dickens, ou a de um Kipling na época. Tão profundas, tão duradouras. A multidão dos seus leitores desloca-se em massa para recebê-los no porto no seu retorno de viagem para além do Atlântico; ela espreita as publicações dos seus textos em folhetins pelas gazetas, num acesso de febre inimaginável. Não são reis, mas imperadores; a sua influência é ainda mais forte porque eles não exercem o seu poder sobre as consciências para tornarem-se gurus ou ideólogos. Eles não entram na política, permanecem em seu lugar e não se envolvem pessoalmente senão quando lhes parece indigno não fazê-lo.

Quando, como John, se carrega também o nome Kipling, como existir à sombra de um homem cumulado de honrarias? Dando um passo para o lado. No colégio, ele sempre respondia "não" quando lhe perguntavam se tinha lido os livros do pai. *Capitães corajosos* é mais acessível que Hegel, mas não é essa a questão. Do grande escritor, John não herda o gênio nem o talento. Herda apenas o nome dos Kipling e uma forte miopia. Desde a adolescência, ele sabe que por esta razão a carreira das armas lhe está, em princípio, vedada. Ora, no dia mesmo do seu nascimento, o pai destina-o a ser oficial da Marinha; ele o escreve e diz aos amigos, e não para de chamar o filho ao dever que ele lhe determinou. Ele dissimula mal a sua felicidade quando John adquire o gosto de participar dos treinamentos paramilitares e dos jogos de guerra no colégio.

O seu sonho de ver John tornar-se um dia oficial da Marinha rui brutalmente num dia de junta médica. Apesar do pincenê que ele o fez usar em lugar dos seus grossos óculos para enganar os examinadores, os médicos da Navy são inflexíveis – e insensíveis à ideia de acolher um nome tão prestigioso entre as suas fileiras. Como um filho rigorosamente educado numa perspectiva tão retilínea não teria após isso o sentimento de decepcionar o pai além de tudo?

Já não é, desde então, um destino a que ele está prometido, mas um *fado* que ele deve assumir. Decepcionar... Que há de mais comum, banal e desonrado que esta palavra quando ela envolve sentimentos de intensidade excepcional?! Por quantos fracassos e dores é ela responsável, por quantas mortes voluntárias...?!

A guerra está aí. Ela decide por ele. É preciso estar nela, porque todo o mundo nela está. Isso não é discutível. Tanto mais que seu pai se comove com um chamado às armas publicado em 1º de setembro no *Times* sob um título bem convincente: "Pela pátria e por seus filhos".

O heroísmo, a coragem e outras virtudes não combinam com 6/36 de visão em cada olho, ao menos em tempo de guerra. Kipling sabe perfeitamente que não há pior *handicap* para um soldado que não ver claro além de alguns metros. No quadro do oftalmologista, mesmo munido das suas lentes de correção, John decifra laboriosamente a segunda linha. Ele vê, mas não distingue. Que sucederá quando ele se encontrar na linha de frente? A questão nem sequer se coloca. De qualquer maneira, não se discute com um pai que adora o filho no sentido em que se obceca com a sua educação. É a sua maneira de amá-lo. Assinalar-lhe um grande propósito desde o nascimento até a morte e fazer de tudo para que ele se atenha a esta missão. Pois Kipling nunca saiu do universo da infância e do mundo da escola. Regras, regulamento, disciplina.

Depois, as herdeiras do escritor não cessarão de guardar no coração, quando não as censurarem pela destruição, aquelas de suas cartas que teriam podido lançar a menor dúvida sobre a intensidade dos seus sentimentos pelos filhos. Que energia na mentira quando é tão mais simples reconhecer que se pode amar loucamente e amar mal.

De quantas hesitações é feita uma decisão quando ela envolve um destino que não é o seu? O pai está consciente do grande perigo que corre o filho, mas não imagina nem sequer por um instante que o filho de Kipling se esconda quando todos os seus companheiros estão sob fogo pela salvação de certa ideia de Europa; o filho sabe melhor que ninguém das suas insuficiências quando o desgoverno da história e a loucura dos homens lhe dão enfim a oportunidade de existir aos olhos daquele que assinou "o" poema.

Quantos ingleses entendem "profeta" quando se evoca o "poeta"?

Poemas, Kipling escreveu muitos. Um em particular, o mais universalmente traduzido, conhecido, festejado. Esta longa frase de uma só corrente é o breviário dos pais e dos filhos um pouco por todas as partes do mundo, nada menos. John pode considerar-se, com toda a justiça, como uma espécie de coproprietário: é o seu destinatário. O seu nome não aparece nele, mas a sua qualidade é o seu único assunto. Ainda que, na verdade, o personagem glorioso de sir Leander Starr Jameson, herói da unidade sul-africana, seja o seu inspirador secreto.

André Maurois, a quem nada da alma inglesa devia escapar, transladou-o para o francês em 1918 e incluiu-o no livro *Os silêncios do coronel Bramble*. Tradução um pouco datada, que extrai o seu encanto justamente da sua pátina.

Se...

Se tu puderes ver destruir a obra da tua vida
E sem dizer uma só palavra meter-te a reedificar,
Ou perder de uma só vez o lucro de cem partidas
Sem um gesto nem um suspiro;

Se puderes ser amante sem ser fogo de amor,
Se puderes ser forte sem deixar de ser terno
E, sentindo-te odiado, sem odiar por teu turno,
Entretanto lutar e defender-te;

Se puderes suportar ouvir as tuas palavras
Disfarçadas de indigentes para excitar os tolos,
E ouvir mentir sobre ti as suas bocas loucas
Sem mentires tu mesmo com uma só palavra;

Se puderes permanecer digno sendo popular,
Se puderes permanecer povo aconselhando os reis
E se puderes amar todos os teus amigos como irmão
Sem que nenhum deles o seja totalmente de ti;

Se souberes meditar, observar e conhecer
Sem jamais tornar-te cético ou destrutivo,
Sonhar, mas sem deixar o sonho ser teu mestre,
Pensar sem ser senão um pensador;

Se puderes ser duro sem jamais enraivecer-te,
Se puderes ser bravo e jamais imprudente,
Se souberes ser bom, se sabes ser sábio
Sem ser moralista nem pedante;

Se puderes encontrar Triunfo depois de Derrota
E receber esses dois mentores de uma mesma mente,
Se podes conservar a coragem e a cabeça
Quando todos os outros as perderem,

Então os Reis, os Deuses, a Sorte e a Vitória
Serão para sempre teus escravos submissos
E, o que vale mais que os Reis e a Glória,
Tu serás um homem, meu filho.

Como John Kipling pode sentir-se, aí, designado aos olhos do mundo? Seu pai teria querido tomar a humanidade por testemunha do que espera dele, de que não teria agido de outro modo. Para o filho do ícone imperial, é chegado o momento de governar a sua vida, ele que não esquecerá jamais o seu extremo embaraço quando seu pai veio um dia ao seu colégio e, na sua presença, deu uma palestra sobre os usos da leitura.

Em agosto de 1914, "o" poema queima-lhe os dedos; ele o relê como uma injunção para lutar e morrer talvez. Um talismã pode metamorfosear-se em explosivo. Fala-se sempre dos que morrem por uma bandeira ou um hino patriótico, jamais de um mestre admirado, de um livro longamente ruminado ou de um editorial tomado ao pé da letra. Que dizer, então, de um punhado de versos lançados sobre a nossa cabeça como uma chuva de estrelas? Ou mesmo de uma palavra, epanáfora das mais breves, duas letras apenas, mas tão poderosas pela sua capacidade de arrebatamento que são suficientes para fazer balançar um destino.

"*If...*"

Lado a lado na parte de trás da "Duquesa", o pai e o filho vão de posto de recrutamento em posto de recrutamento. Procuram até os regimentos menos exigentes quanto às capacidades físicas dos recrutas. Nenhum julga John apto para defender a bandeira, verdade inaudível para o grande Kipling. O filho já não sabe o que tentar para existir sob o olhar do pai, e para que a sua vergonha muda se mude em dignidade reencontrada. Ele tenta a sorte ainda, e ainda na esperança tenaz de ser alistado, mas é rejeitado em todas as partes; a pressão dos acontecimentos afastou provisoriamente as maneiras.

Graças à intercessão do Field Marshal Lord Roberts, John Kipling obtém enfim o esperado pistolão. Este amigo de seu pai, e ainda mais porque é o herói de um dos seus livros, a quem obsequiosamente a família solicita, o alista apesar de tudo no regimento dos Irish Guards, cujo comando lhe assegura. E é assim que durante alguns anos o rapaz tem aulas no Essex sob o olhar orgulhoso e inquieto dos pais. Os Irish Guards! Quanto orgulho rebaixado para o orgulhoso Kipling, sobretudo quando se sabe do desprezo que a sua obra não cessa de testemunhar com respeito aos irlandeses... Eles lhe mostram bem: as suas universidades foram as únicas que não o magnificaram com um título *honoris causa*.

A promiscuidade das tropas atormenta menos o filho que o pai. Três anos antes, quando o filho estava no colégio, o pai lhe escrevia para precavê-lo das relações contra a natureza que o internato favorece. Sob a sua pena, tratava-se não de homossexualidade, mas de "bestialidade"; o código designava esses rapazes cujos méritos atléticos não deviam mascarar que eles não buscavam, no fundo, senão a refrega, e que qualquer amizade e até qualquer contato com eles termina sempre na tristeza e na vergonha. Kipling é muito eloquente, ele que era amoroso com o irmão Wolcott antes de se casar com Carrie Balestier.

A inquietude é logo substituída pela angústia. As notícias do *front* já são terríveis; as perdas, enormes. Kipling traduz isso à sua maneira, escrevendo à filha Elsie que, de todos os jovens com que ela dançou no seu último grande baile da estação, não há um só que não tenha sido morto ou ferido. Mas ele não se contenta com uma vã deploração. Nem com visitas de reconforto aos refugiados belgas e aos soldados feridos.

Acabrunhado com a neutralidade de Washington, Kipling assume uma missão de propaganda: esclarecer as mentes americanas sobre as coisas relativas a esta guerra que lhes concerne. E dizer que o presidente dos Estados Unidos, arauto convicto da ausência do seu país no conflito, não jura senão pelo poema do Mestre... Mais ainda: é na releitura compulsiva de *If...* que Woodrow Wilson retira a energia das suas convicções pacifistas. Até abril de 1917, data da entrada na guerra dos Estados Unidos contra a

Alemanha, Kipling terá pois todo o pesadume de meditar sobre a interpretação de uma obra de arte, e seus efeitos perversos. Incontáveis também são os soldados britânicos que puseram dissimuladamente o poema na sua pasta como um talismã! Somente eles sabiam que, nas linhas inimigas, soldados alemães escondiam no fundo da sua mochila *O canto do amor e da morte do porta-bandeira Christophe Rilke*. Justamente uma diminuta plaqueta, mas que tem força de breviário. Diz-se que muitos entre eles o cantavam ao voltar ao *front*:

Cavalgar. Cavalgar, de dia, de noite, de dia.
Cavalgar, cavalgar, cavalgar.

E o coração está tão desgostoso e a nostalgia tão grande. Já não há montanhas, apenas uma árvore. Nada se decide a pôr-se direito. Cabanas estranhas se acocoram sedentas junto a fontes tornadas lamacentas. Em nenhuma parte uma torre. E sempre o mesmo quadro. Têm-se dois olhos em excesso. Não é senão de noite, às vezes, que se crê conhecer o caminho. Será que todas as noites refazemos em sentido inverso o final de percurso que sob o sol estrangeiro alcançamos a duras penas? É possível. O sol é pesado, como entre nós no alto verão. Mas foi no verão que demos adeus. Os vestidos femininos resplenderam por muito tempo sobre o verdor. E eis que há muito tempo cavalgamos. É, pois, sem dúvida, o outono. Ao menos lá, onde mulheres tristes nos conhecem...*

Rainer Maria Rilke escreveu esse poema de uma penada vinte e quatro anos após a descoberta de papéis de família. Um

---
* Traduzido da versão francesa de Maurice Régnaut feita para a "Bibliotèque de la Pléiade".

jovem porta-bandeira de uma companhia de cavalaria fez aí a experiência do amor e da morte em um dia e uma noite. Tem-se o poema por angélico, quando é um canto lírico sobre a morte marcial. Cento e quarenta mil exemplares em língua alemã foram vendidos entre 1914 e 1919.

Poema contra poema.

If...

Nas fotos do regimento, John é o único a usar óculos. Depois que o sol se põe, ele tem o olhar cego. No verão de 1915, a guerra de trincheiras transforma homens de pé em homens de lama.* Eles não desejam, não ainda, que o seu chefe envie bolas de futebol na direção do inimigo para incitá-los a se lançar fora de suas defesas, como o fará um ano depois o capitão Neville – que foi, aliás, o primeiro morto durante esse ataque. Em 27 de setembro, os soldados se renderão na terceira batalha de Artois como se marcha numa parada. Sempre em frente, sem retornar. O corpo expedicionário britânico é feito em pedacinhos pelas metralhadoras alemãs. Uma carnificina. Vinte mil mortos do seu lado.

A batalha de Loos é a primeira e a última de que participa o tenente John Kipling. Revólver na mão, ele parte para o ataque à frente de sua seção. Nada se sabe do que ocorreu depois. Quando os britânicos batem em retirada, ele não atende ao chamado.

"Ferido e desaparecido" é o que diz o telegrama de 2 de outubro. Kipling, que prefere ater-se à letra antes que ao espírito, esbraveja imediatamente contra um jornal quando este anuncia

---

* Jogo de palavras: de pé (*debout*) e de lama (*de boue*). (N. da E.)

que seu filho está "presumivelmente morto". Durante semanas e meses, o escritor interroga os seus companheiros de regimento de volta do *front*, pede ajuda às suas relações entre os diplomatas, recorre à Cruz Vermelha. Explora a menor pista, ainda que mais amiúde o menor rumor seja uma falsa pista. Alguns falam de uma bala na cabeça, depois de metade do rosto arrancada na passagem de um obus. Outros dizem que John está internado num hospital alemão, ou talvez num campo de prisioneiros, ou simplesmente recolhido pelos camponeses do lugar. E por que não desertor?... Mas morto não. Sobretudo, morto não.

Nem morto nem vivo. Kipling, o homem que inventou tantos mundos, descobre este incerto outro mundo onde se está entre dois. Os outros compreenderam. No correio da manhã, mensagens de condolências veladas se davam paralelamente às manifestações de ódio mesclado de júbilo dos que lhe reprovavam o belicismo; entre estes últimos, muitos lhe querem significar que ele está recebendo apenas o que merece, que ele guardará a morte do filho na consciência, bem como a morte de todos os outros filhos do Reino Unido. Manifestam-se os próximos, os parentes distantes, estrangeiros e numerosos leitores.

A batalha de Loos era um absurdo. Só podia levar a um desastre. O general Haig é o responsável, culpado e criminoso pela maneira como conduziu as operações. Kipling o abomina, gostaria de tratá-lo por "açougueiro", mas sabe perfeitamente que isso não lhe trará de volta o filho. Como renunciar a crer que John ainda está vivo? Isso seria abandoná-lo. Este simples pensamento lhe era intolerável. Mas demasiados elementos conspiram contra esse fiozinho de esperança a que os Kipling se agarram. Eles se desonrariam a seus olhos e aos olhos do mundo se deixassem de acreditar nisso. Enquanto não lhes derem a prova da morte de John, eles esperarão o seu retorno. É uma loucura, mas eles a devem a ele. "Loucura" é a palavra que convém. Em *Lembranças da França*, evocando uma mulher que busca desesperadamente o corpo do marido, não escreve Kipling: "... uma loucura, evidentemente"?

Já não acreditar no retorno de John corresponde a matá-lo. Nada mina mais o caráter dos mais temperados que não saber. Há nisso bastante para acossar as horas de um indivíduo dotado de consciência e de memória até a consumação de todos os seus dias e de todas as suas noites. A espera é uma tortura em que ela nos subjuga à sua ideia fixa, fazendo de nós um animal à espreita do mais insignificante sinal, à escuta do mais miserável barulho. Só Proust, em *À sombra de moças em flor*, ousa traçar, sem que isto jamais pareça indecente, o paralelo entre a espera de seres que nos abandonam quando já não nos amam e a de desaparecidos de quem não temos notícias contra a sua vontade. Só o pensamento de uma felicidade imaginária torna às vezes suportável a ruína de uma felicidade real.

"Mães cujo filho partiu no mar para uma exploração perigosa imaginam a cada minuto, apesar de terem desde há muito tempo a certeza de que ele corre perigo, que porém ele vai entrar miraculosamente salvo e bem. E esta espera, segundo a força da lembrança e a resistência dos órgãos, ou lhes permite atravessar os anos ao fim dos quais elas suportarão que seus filhos já não existam, esquecer pouco a pouco e sobreviver, ou as faz morrer", escreve Proust.

John Kipling, dezoito anos apenas.
If...

Kipling faz face. Mas ao mesmo tempo perde a face. O choque moral repercute no corpo, e Kipling é todo úlceras e gastrite até um ataque de paralisia facial parcial. Os ingleses inventaram a palavra *shellshock* para expressar o traumatismo tanto físico como psíquico desse gênero de mal. Mais que nunca, Carrie Kipling organiza um cordão sanitário em torno do marido. Mas, protegendo-o assim dos miasmas do mundo, ela o asfixia. Em Astopovo, Sofia Tolstói fizera o mesmo com Liev Tolstói. Até à loucura. Pouco antes de morrer, o grande escritor russo empreenderá finalmente a fuga, experiência que ele viverá como uma libertação.

Como Kipling não se sentiria culpado? Carrie diz a si mesma, intimamente persuadida, que se John é prisioneiro os alemães lhe reservarão o pior dos tratamentos quando souberem de que grande homem é filho. Culpado de ter mandado à guerra a quem ele sabia ser o último dos soldados. Culpado de tê-lo esmagado com a sua sombra durante tantos anos. Culpado de ter escrito "o" poema que lhe governou e comprometeu a vida. Culpado de ser simplesmente o que é. O filho carece de caráter, se não de personalidade – o pai os tem por dois.

Para contornar um pouco o seu sofrimento, Kipling faz agora da sua culpa um assunto coletivo. O seu poema "Os filhos" é repleto de "nós". Um ato de acusação e de flagelação implacável ("Eles acreditaram em nós e morreram por isso") até à queda:

... Teremos de prestar contas.
Mas quem nos devolverá nossos filhos?

A sua responsabilidade de pai aí se dilui na dos outros. Ter-se-ia preferido um "nós" de majestade quando é ainda o mesmo "nós" culpado que volta nos *Epitáfios da guerra*:

... Se eles querem saber por que nós perecemos,
Dizei-lhes: porque nossos pais mentiram...

Aos vinte anos, eu fui viver num país em guerra porque aos vinte anos meu pai fora para a guerra. Um e outro voluntários. Ele não me havia mentido. Ele tinha medo por mim, mas o seu olhar no aeroporto expressava o seu orgulho mudo, fulgor do mesmo brilho discreto que o meu quando eu evocava o seu engajamento de outrora. Considerava-se ele responsável? Certamente, como todos os pais, de uma maneira ou de outra, alguns mais confusamente que outros, ainda que aos vinte anos se esteja "acabado de imprimir".

No dia de Natal de 1915, pela primeira vez na história da sua família, os Kipling não se dão presentes. Tampouco do ano seguinte, nos aniversários. O coração já não está ali. A cabeça tampouco.

Em sociedade, Kipling trata como possível de desempenhar o seu papel. Ele sabe o que se espera dele. Que se confesse na mesma situação que tantos outros pais de família inglesa. Que admita não ser o único. As lágrimas ignoram as classes sociais.

Na Inglaterra, a segregação resiste a tudo, menos a isso. Pode-se chorar em conjunto sem que isso choque.
A vocação de um pai não é sepultar o filho.
If...

"Morto por seu país." Pede-se-lhe um epitáfio para um túmulo de soldado, e ele responde que basta o mais simples e evidente. Nenhuma vontade de carregar nas tintas. Kipling não dá o braço a torcer. Roga-se não descarregar lirismo sobre os homens. Eles já sofreram bastante. Não têm mérito nisso.

Quando, em maio de 1917, lhe pedem um verso de sete palavras em honra de um compatriota morto de arma na mão, ele cede pela primeira vez. Um primeiro verso seguido de muitos outros. Um complô benévolo quer fazê-lo entrar para a Comissão Imperial para as sepulturas de guerra. Propõem-lhe ser um dos oito membros fundadores nomeados por George V. Ele poderia declinar, ele que recusou tantos outros regalos igualmente reais.

Ele poderia novamente recusar, mas desta vez aceita.

Espera-se dele que, nesta Comissão, atue como poeta, mas também como homem de ação. Visitar os cemitérios da França, percorrer os campos de batalha, exumar os cadáveres, mandar identificar os desconhecidos, enviar pedras tumulares às centenas, fornecer estelas aos milhares, proporcionar cruzes do Sacrifício e pedras da Memória, designar arquitetos, contribuir para uma literatura de propaganda, pronunciar discursos, participar de atos públicos.

Em duas palavras, enterrar e comemorar.

É o rei em pessoa quem vence as últimas resistências de um escritor oscilante entre o pessimismo da razão e o otimismo da vontade. Kipling finalmente aceita escrever epitáfios porque, afinal de contas, ninguém está em melhores condições que ele para fazê-lo; ele aceita levar uma delegação ao lugar, pois ele conhece a França e gosta dos franceses, cuja língua fala fluentemente; aceita pôr o seu nome a serviço desta causa, pois não há nada mais nobre que ela; aceita porque seria indigno recusá-lo.

Depois de Joséphine, John. A mais velha, adulada; o filho, demasiadamente cobrado. Dois filhos mortos em três. O que pode acontecer mais? Depois de tudo, nada mais. Resta, então, reconstruir o seu mundo sem eles.

Mesmo em tempos tão difíceis, a política retoma os seus direitos, mas no que ela tem de mais sórdido. Com o que se reaviva a desconfiança de Kipling com respeito aos que a têm como profissão. Desde que entrou para a Comissão, ele não faz mistério dos seus cavalos de batalha. O primeiro não apresenta problemas: as pedras tumulares deverão diferir ligeiramente segundo os regimentos, a fim de que os companheiros de combate permaneçam unidos na morte como na vida. O segundo, em contrapartida, provoca ásperas polêmicas: é o princípio de "igualdade de tratamento". Duas escolas enfrentam-se a esse respeito, uma querendo autorizar os pais mais abastados a oferecer uma sepultura ricamente ornada ao seu defunto, a outra pugnando pela uniformidade sem distinção de origem social.

À igualdade de sacrifício, igualdade de sofrimento. Tal é a filosofia de Kipling, que repousa numa antiga tradição da nobreza inglesa segundo a qual um soldado deve ser enterrado o mais perto possível do lugar onde morreu. Oficiais superiores e simples soldados lado a lado. Que o repouso da alma possa ser associado com tanto cinismo a uma questão de conta bancária lhe parece de uma obscenidade absoluta. É como se os privilégios ainda tivessem carta de cidadania em face de tal morte, quando esta morte, mais que qualquer outra, torna os homens verdadeiramente iguais diante de Deus! Seria preciso que o espetáculo funerário se refizesse para restabelecer uma distinção social entre todas essas silhuetas?

Que tal escritor se torne advogado de tal partido não deveria espantar. A posteridade o instala na inflexibilidade colonial com os racismos que lhe fazem cortejo, e o coagula na sua aversão à democracia, no seu ultraconservadorismo e na sua intolerância em todas as coisas. À simples evocação do nome Kipling, enquanto alguns verão acorrer as sombras familiares do urso Baloo, da pantera Bagheera e do pequeno Mowgli, outros se dirão ainda acabrunhados com a sua denúncia das "raças inferiores e sem Lei" do poema *Recessional*, por exemplo, para citar apenas este. Entretanto, o seu combate pela igualdade de tratamento de todos os britânicos mortos em combate corresponde bastante bem à universalidade tanto da sua prosa como da sua poesia. É um dos raros a transcender nacionalidades, classes, culturas, raças, religiões e gerações.

Todos mortos *pela mesma causa*. Kipling não para de martelá-lo. O assunto chegou até à Câmara dos Comuns. Ele não assiste aos debates, mas os ecos que lhe reportam são tumultuados. Um deputado torna-se o defensor da desigualdade de tratamento em razão de a sua família ter deixado cinco rapazes no campo de batalha. Ele não se contenta em exigir túmulos mais conformes com a sua qualidade e a sua hereditariedade (não se ousa dizer: com o seu lugar no mundo); tampouco admite o caráter ecumênico dos serviços religiosos, e recusa até a presença do escritor no seio da Comissão. Como se pode confiar a um homem tão pouco conhecido pelo seu comprometimento espiritual a responsabilidade de escolher no Eclesiastes a inscrição gravada na pedra memorial nos cemitérios de mais de quatrocentos túmulos: "O seu nome viverá para sempre"?

Kipling encontrou alguém mais reacionário que ele. Que importa, já que ele triunfa finalmente? Só o emblema do regimento e o símbolo religioso distinguem os túmulos, junto, certamente, com o nome, a idade e os adornos. Nada de classe a desarranjar a ordem, a harmonia e a igualdade. Todas as estelas em uníssono. Fiel à sua reputação, a Inglaterra envia à França os seus jardineiros, e descobre-se uma extensão inesperada alémmar nos mil, trezentos e cinquenta e dois cemitérios da Grande Guerra que ela conserva doravante em algumas regiões da França.

Kipling no campo de batalha é um pintor no motivo. *Personagem de pai devastado num panorama de gritos abafados*: esse poderia ser o título. A partir de 1918, ele passa longos meses a vagar nos confins de paisagens hirsutas do Norte e do Oeste da França. O tempo urge. Campos de honra voltam a ser campos de trigo. Uma sepultura isolada pode ser lavrada e depois semeada por um camponês ignorante de sua profanação. Os buracos de obus formaram de tal modo sepulturas naturais que não resta senão cruzar as mãos sobre o peito dos soldados antes de atirar as primeiras pás de terra. Muitos, assim, só tiveram direito a uma mortalha de lama sob um céu de fuligem.

Kipling leu Heródoto. Mas como se gostaria de saber a reação do belicista a estas palavras das *Histórias*: "Ninguém é louco para preferir a guerra à paz: na paz, os filhos sepultam o pai; na guerra, os pais sepultam os filhos!"

Ele só leu Heródoto: os irmãos Tharaud também. Ninguém duvida que Kipling teve nas mãos o seu *Dingley, o ilustre escritor*, denúncia rigorosa do egoísmo da Inglaterra, nem que esse texto estranhamente visionário volta doravante a acossá-lo. Publicado em 1902 sob a direção editorial de Charles Péguy, reeditado em versão aumentada em 1906 para o concurso Goncourt, que não o deixou de premiar, é um romance *à clefs* que fornece todo o molho. Qualquer leitor, ainda que pouco avisado, compreende que Kipling *é* Dingley. Não é o relato da sua vida, mas o de um dos seus instantes: aquele em que, durante a Guerra dos Bôeres, Dingley se torna o mais inflexível dos belicistas, engessado como nunca no seu orgulho nacionalista e nas suas certezas imperiais. Com o recomeço dos combates do Transvaal, ele assiste à agonia do jovem filho que se enfermou durante a sua ausência: a sua vida não depende mais que de um "pequeno nada", apesar das histórias extraordinárias que o pai conta à sua cabeceira. Desconsolado com a morte do pequeno Archie, engolfando-se numa taciturna indiferença, um para-quê que desarma todas as suas energias, Dingley já não crê em nada. Um grande homem à deriva confunde-se com um pequeno homem em seu comum. Se os Tharaud puderam saber que Kipling tinha perdido a filha, é em contrapartida impossível que tenham sabido a que ponto isso o tinha afetado, porque se tratava do mais íntimo segredo:

"É um acontecimento bem pequeno a morte de uma criança, mas que transtorna como nada no mundo... Dingley concentrara sobre a cabeça de um pequeno ser nascido dele todas as ternuras de seu coração. Ele penetrou nessas regiões ilimitadas da dor, onde o imbecil e o homem inteligente não se distinguem", escrevem Jean e Jérôme Tharaud. Eles viram e compreenderam tudo dele, todo o sentido e todo o pressentido das suas trevas interiores, três anos após a morte de Joséphine e treze anos antes da de John.

Kipling tinha ódio dos biógrafos, da sua curiosidade e da sua indiscrição. Só alguns romancistas o puseram a nu. Nunca desconfiamos o bastante dos nossos semelhantes. Aqueles escritores viram pela primeira vez que, em Kipling, as exigências da escrita primavam de tal modo sobre tudo o mais que elas lhe tinham secado o coração.

Mais ainda para a morte que para a vida, os costumes nacionais logo retomam o primeiro plano. Cada um as suas tradições. Os britânicos também cavam as fossas comuns, mas não enterram aí mais de seis corpos, um em sentido inverso ao outro. O soldado desconhecido é aí declarado "desconhecido" tanto pelos franceses como pelos alemães ("*Unbekannte*"), mas para os britânicos ele é "*Known but to God*" ou "*Known unto God*" (conhecido só por Deus).

Belo epitáfio para designar a quem o dentista não conseguiu identificar.

Kipling sulca o Pas-de-Calais na sua "Duquesa" como um general do exército morto. Seu filho está em todas as partes e em nenhuma parte, mas o corpo ainda está ausente. Nada de corpo, nada de sepultura. Nada sobre o qual fixar o seu sofrer. Nada de pedra aonde acorrer entre preces. É como se John Kipling jamais tivesse existido e nada nunca lhe tivesse acontecido. Um não lugar.

Um verso de Apollinaire diz que esta guerra levou a arte da invisibilidade para além de todos os limites. Kipling está doente de não ter *visto* nada do filho. Nem sequer um lenço manchado de sangue. Nem o menor pedaço dele.

Cerca de um milhão de soldados vindos da Grã-Bretanha, das suas colônias e dos seus domínios morreram entre 1914 e 1918. Incluindo as dezenas de milhares desses "conhecidos só por Deus" que formam o exército dos invisíveis.

Com Kipling à frente, os soldados mobilizados da Comissão rastreiam os campos por ondas. Eles perscrutam com o olhar e sondam com o cabo do alvião. Sempre se prevê que corpos de soldados britânicos, às dezenas, se não aos milhares, estejam enterrados em Artois! Tantas pistas falsas, como essas informações provenientes das regiões não ocupadas da Alemanha onde se assinalam cadáveres de prisioneiros britânicos!

Uma fotografia tirada quando da "peregrinação do rei" mostra Kipling de *wing collar* e cartola fazendo as honras dos campos de batalha a George V em uniforme de gala de comandante de guerra. Ele teve tempo de estacionar a sua "Duquesa" numa *cour de ferme* para vestir o seu *morning dress* na casa de um camponês da região. Uma pompa adaptada às circunstâncias. Discurso de um, poema do outro. Ninguém deve saber que o escritor é o autor do discurso do rei, deste como de outros. Depois a pequena frota de Rolls zarpa para outros grandes cemitérios sob a lua. Nada mais magnífico, lembra-se o epistológrafo.

Ele poderia cruzar com Edith Wharton. A escritora americana sulca a França no mesmo momento em seu possante Panhard dirigido por um chofer. Também ela se entregou a ações filantrópicas sem conta para ajudar a França em guerra. Ela escreveu *Um filho no front*, romance sobre o sofrimento de um pai que descobre o filho quando este combate.

Mas, nesta época, só há nos caminhos por que se atravessa distintos homens de letras; no fundo de túmulos também. Numerosos são, com efeito, os poetas que aí repousam. Capitão Julian HE Grenfell em Boulogne. Soldado Isaac Rosenberg em Saint-Laurent-Blangy. Tenente-coronel John Mac Crae em Wimereux. Raymond Asquith e Edward Tennant em Guillemont. Sargento Leslie Coulson em Méaulte. E Wilfred Owen, morto aos vinte e cinco anos na véspera do armistício – sobre os seus versos, Benjamin Britten comporá o seu *War Requiem*.

Franco-maçom desde a juventude indiana, Kipling cria para os membros da sua comissão uma loja a que ele dá o nome de "Construtores das cidades silenciosas".

O cemitério militar não passa de uma cidade fantasma onde a horticultura se põe a serviço da busca da eternidade. Também se pode ver nele uma caserna a céu aberto. Todo um exército se estende aí em posição de sentido e deitado, um passo de distância, dois passos de intervalo. O soldado ali repousa ainda na qualidade de sob as bandeiras. Dali é tirado para enfim ser desmobilizado.

De noite, os pais de família frequentam os lugares. Fecham-se os olhos sobre esses passeantes dos ossários. Eles vêm clandestinamente desenterrar o corpo do filho a fim de levá-lo para o jazigo da família. Crer-se-ia tratar-se de ladrões de maçãs. Eles são, entretanto, da raça dos pais que estariam prontos para tomar o lugar dos filhos e assim trazê-los de volta à vida. Esses reencontros são ilegais. Há que esperar um decreto do mês de setembro de 1920 para que esses homens cessem de retomar o seu bem na vergonha, ocultando-se na noite.

Nas suas Memórias, Kipling não fala de nenhum dos dois filhos que perdeu. *Algumas palavras sobre mim* é, de qualquer modo, uma provocação com relação à autobiografia. Precisamente, o relato de uma vida de trabalho excluído o fator humano. Uma vida de ler e escrever, mas não de amar e chorar, nem de rir ou sonhar, nem de dormir ou morrer talvez... A ideia de compartilhar o menor sentimento pessoal com o público o repugna. Que importa a doença ou a guerra? Não se entrega a sua parte de sombra, não se desvelam os seus sentimentos íntimos, ainda que se esteja com a alma devastada. Ninguém o verá abismar-se em desolação. Esta dor não se compartilha. Tê-la, ter-se, ter-se nela.

O escritor já sofreu tudo e tudo ouviu na ordem da crítica e do insulto. Escutemo-los: o senhor, o guardião das virtudes nacionais, o que fez o senhor com elas? Glória, brilho, brutalidade. O senhor, o inspirador da juventude, o que lhe disse o senhor? Obediência, submissão, disciplina. Mas, a partir de 1926, data da publicação de *Dívidas e créditos*, dá-se uma virada. Já não é a sua intolerância em todas as coisas o que lhe atacam os seus detratores, mas antes a sua falta de humanidade.

Um criador se endurece de egoísmos. Mas seu filho lhe é arrebatado, e o metal se liquidifica. Nada resiste a tal sofrimento, a menos que se seja desumano. Não se perde um filho: tem-se amputada uma parte vital de si. "É terrível ver a obra de tantos anos reduzida a nada numa tarde", escreve Kipling na sua correspondência. Nesses momentos de solidão, quando gira em torno de uma carta a um amigo, ele já não é o ícone imperial, nem a quinta-essência da Inglaterra imemorial, nem o vice-rei das Letras. É o irmão em sofrimento do conde Moïse de Camondo, inconsolável da morte do filho em combate aéreo. Dois pais entre tantos outros esmagados por um mesmo sofrimento mudo.

É estranho, mas, mais de meio século depois, um homem exprimiu diante de mim um pensamento semelhante ao de Kipling. Era um domingo de manhã numa rua de Clichy, perto de Paris. Uma visita familiar. Fechando a porta do seu carro, o olhar subitamente perdido, ele se apoiou com os cotovelos no teto e murmurou: "É como se se tivesse feito crescer uma árvore durante anos, e uma tempestade a desenraizasse e depois a levasse de golpe."

Eu conheci um pai amoroso e atencioso cuja vida foi arruinada no dia da morte do filho mais velho. Conheci um avô imperioso e inflexível que já não era mais que lágrimas, abandono e angústia no dia em que se levou para debaixo da terra o filho de seu filho.

Os meus.

Em 1914, Kipling entrava na provação da guerra cheio de perplexidade, angústia e resignação: sai dela endurecido de amargura, de desprezo e de ódio. As palavras não são demasiado fortes. Amargura do homem cujos avisos proféticos sobre o declínio da nação, o fim anunciado do seu antigo esplendor, permanecem letra morta. Desprezo dos princípios que nos governam: não há nada mais baixo que um político inglês em tempo de paz além do mesmo animal em tempo de guerra, o que se nota em todas as partes. O ódio, enfim. Um ódio visceral, absoluto e irredutível aos alemães.

A sua lógica é estranha à dos crimes contra a humanidade. A seus olhos, o mundo divide-se em duas categorias. Não os ingleses e seu cavalo de um lado, e o restante do outro. Mas antes os seres humanos e os alemães. Isso, quando ele consente em escrever o nome mesmo de "alemão"! E quando o seu consentimento inclui, com a contrariedade que se pode imaginar, o uso da maiúscula.* Geralmente, ele antes os designa como "hunos", "teutões" até, nos bons dias, "encarnações do diabo". O seu ódio aos alemães é inversamente proporcional à sua paixão pelos franceses. Ele encontrou a França pela primeira vez por ocasião da Exposição Universal de 1878. Ele segurava ainda a mão do pai. A sua francofilia sentimental jamais foi desmentida depois. Tanto que a França é doravante e por toda a eternidade a terra de seu filho.

---

* Em inglês, como em francês e em tantas outras línguas, os nomes gentílicos se escrevem com inicial maiúscula. (N. do T.)

De todos os franceses, os alsacianos e os lorenos são os seus preferidos. Aqueles para com os quais ele sente verdadeira solidariedade. O general Taufflieb, governador da Alsácia, torna-se até um dos seus amigos. Eles se frequentam e viajam de férias juntos. A sua amizade é selada em 1919, quando o oficial o leva a visitar Verdun como se mostra ao visitante a própria casa. O fantasma de John vaga por todos os lados na França dos campos de batalha. A sua silhueta frequenta os cemitérios militares; o seu nome, as placas comemorativas; a sua alma, toda e qualquer recordação da guerra.

Como não pensar no título de sua novela *Na cidade dos mortos* e no provérbio nativo colocado em epígrafe: "Vivo ou morto, não há outra saída?"

Kipling está em casa na França. Ela não é somente a que o honra como a um moderno Shakespeare imperial para os grandes e os pequenos, e como à perfeita encarnação do inglês no que ele tem de melhor. Um objeto a simboliza: um exemplar da sua coletânea *The Light That Failed* perfurada por uma bala e que um jovem soldado lhe enviou com as seguintes palavras: "O senhor salvou a minha vida, e por isso eu acho que este livro lhe pertence." Tudo leva Kipling àquilo de que ele não pensa em fugir, a sombra do filho morto na batalha de Loos em 27 de setembro de 1915 com a idade de dezoito anos e seis semanas. *Qui ante diem periit*, ele manda acrescentar num pedaço de bronze em sua memória na escola de guerra de Harrow. Morto antes da hora.

O ódio está em ação em *Mary Postgate*, uma novela germanófoba de uma crueldade particular, escrita *antes* do desaparecimento de John e publicada *durante*. Vê-se nela a heroína rejubilar-se até ao obsceno com a agonia de um piloto alemão que implora a sua ajuda. Acredita-se que o texto seja ditado pela dor da perda, mas é o eco de uma antiga execração. Kipling não se mostra intolerante só em particular ou nas suas declarações de homem público. Certos poemas são implacáveis. Quando a propaganda faz correr um boato cruel segundo o qual o Kaiser está morrendo de um câncer de garganta, Kipling laça uma ignomínia, *The Death Bed*...

Ainda no outono de 1920, quando o casal está de veraneio no Norte, a sua "Duquesa" faz parada numa trintena de cemitérios. A mais longa num ossário selvagem, esse bosque da Crayère onde se viu o tenente John Kipling pela última vez. Ignora-se se o escritor escavou a terra com as próprias mãos, ou com a ajuda de uma colher. Pode-se imaginar tudo. A imprensa também reporta a essa época histórias quase incríveis, mas que ainda têm força de críveis. Assim, o oficial de cavalaria Bertran de Balanda encontra o filho Jehan vagando em busca dele com um dos seus companheiros em Cannectancourt, no Oise: uma cruz que domina uma sepultura simples na qual se assinala, em alemão, que um soldado francês repousa nela, e, pelo que se sabe, um desconhecido esculpiu seu rosto numa estela; as cartas de sua mulher encontradas entre os ossos permitirão identificá-lo formalmente. O suficiente para encorajar Kipling a conciliar as exigências da busca e o prazer do veraneio. Então em passeio no país do seu coração, ele ainda escava a terra do bosque da Crayère. Percorre os campos de batalha na esperança de que o rumor do vento e o eco do silêncio lhe tragam notícias de John. Quem mais teria a ideia de abrir mapas do Estado-Maior de tal região na traseira do seu Rolls, e ainda durante as suas férias?

Poucos franceses conhecem tão bem como este inglês de Bombaim a faixa de terra delimitada por La Bassée, Le Rutoire, Bois Hugo e Double Crassier.

Ele atravessa ainda a terra com o olhar, mesmo que esteja resignado a declarar e registrar legalmente o falecimento do filho. A notícia espalha-se durante o verão de 1919. Chegam novas mensagens de apoio.

Muitos soldados testemunham ter visto John ferido, mas nenhum pode assegurar que o viu morto. Kipling aferra-se a este axioma. Enquanto não se apresentar uma prova irrefutável da morte do filho, não acreditará nela. Aliás, ele escreve algures que a verdade é a primeira vítima da guerra.

Aconselhado pelo padre Séguin, sacerdote de Saint-Sulpice e seu diretor espiritual, Chateaubriand escreve uma *Vida de Rancé* à maneira como se faz penitência antes de morrer. Kipling escreve *The Irish Guards in the Great War* com o mesmo espírito. Não para se perder, mas para se encontrar. Um psicanalista dirá que foi a sua terapia; um padre, o lugar da sua redenção; um soldado, o pagamento da sua dívida com os mortos. Ele se abalança a escrevê-lo por proposta do Estado-Maior do regimento. Mais de cinco anos de buscas e de escrita, intercalados, é certo, de outros textos que lhe parecem mais urgentes.

O escritor sua sangue e água, e vive a provação como uma punição que ele inflige a si mesmo. Esse trabalho o deixa à beira do esgotamento. Mas a *Vida de Rancé* é comprovadamente uma obra-prima, enquanto *The Irish Guards in the Great War* não passa de um trabalho tedioso. É por isso que o itinerário do salão da Montbazon à abadia de Soligny-la-Trappe suscita a admiração do retratista sem a forçar; ao passo que a crônica aplicada da única unidade nominalmente irlandesa não deixa esquecer que desse povo inglês Kipling não salvava senão os soldados.

Dois volumes são lançados em 1923, um consagrado ao primeiro batalhão, e o outro ao segundo. Obsessivo na reconstituição. A sobriedade de que o autor se vale desde a primeira linha é uma lítotes. Da literatura de circunstância à qual não falta nada. O pai de John Kipling julga que cumpriu o seu contrato moral consigo mesmo. Mas e o escritor e o poeta? O contista e o novelista? Ausentes desse memorial pesado como uma pedra tumular. Não se encontra aí nada sobre a essência da guerra para os que lutam nela: o sofrimento, a dor e a humilhação, e depois a lama, a merda e o sangue. A penitência que ele se inflige o conduziu à renúncia de si. Lástima que todos esses homens nele não tenham sabido reconciliar-se nesta ocasião única. Arrependimentos eternos.

A não ser que se tenha de buscar alhures a sua *Vida de Rancé*. Espalhada sobre as estelas depositadas nesta terra da França que é um pouco a sua também e nas placas postas nas pilastras das catedrais. Quantos visitantes sabem que lendo-as estão lendo Kipling? Os seus *Epitáfios de guerra* permanecerão gravados nos mármores. Seu filho está em todas as partes deles, nas linhas, nas entrelinhas, atrás das linhas.

Um dia, logo após ter visitado um cemitério militar na França, ele se precipita a um canto para escrever *O jardineiro*, uma novela ainda e sempre sobre a dor da perda. A de um filho. Com o amor como única redenção.

Tudo o que ele escreve após o desaparecimento do filho traz a marca da sua ausência.

Em pleno verão de 1930, o nome John Kipling é gravado no memorial de Loos erigido em memória dos desaparecidos. É impossível vê-lo sem ler em superposição o poema *My Boy Jack*:

O senhor tem notícias de meu filho Jack?
Não nesta maré.
Quando crê que ele voltará?
Não com esse vento que sopra, e não nesta maré.

Um dia, Rudyard Kipling resolve separar-se de uma "Duquesa" extenuada do seu turismo mortuário. Tendo a Rolls-Royce parado a produção de seu querido *Silver Ghost*, ele o substitui por um *New Phantom*.

Um fantasma caça outro na busca de um espectro.

O próprio Kipling é, à imagem do seu automóvel, tolhido de dores. Durante meses, os seus médicos ingleses o persuadem de que a sua carcaça abriga um câncer, até que o doutor Roux diagnostica uma úlcera duodenal. Tinham-se-lhe arrancado os dentes por nada.

Kipling sabe, como quer que seja, que a sua vida e a sua obra estão atrás dele. Os seus artigos mobilizam o que lhe resta de energia. Ele não perde de vista o objetivo de todas as suas vigilâncias e desde muito cedo previne o Ocidente do perigo nacionalsocialista que o espreita. Mas que crédito se dá a um germanófobo que se diz *pessoalmente* obcecado por um desejo de vingança?

Ele continua membro da Comissão Imperial para as sepulturas de guerra até o seu último suspiro, em 18 de janeiro de 1936. Passaram-se vinte e um anos desde o instante em que cruzara o olhar com o do filho pela última vez, mas ele jamais deixou verdadeiramente o campo de batalha. As suas exéquias se dão na catedral de Westminster, onde jaz um *Tommy* "conhecido só por Deus" em nome dos cento e cinquenta mil desaparecidos da guerra. As suas cinzas repousam no famoso canto dos poetas, retiro de nobreza das pessoas de espírito. A coroa mais notável provém do cemitério militar de Loos. Nenhum escritor digno desse nome está presente, mas, em contrapartida, todo o corpo da nobreza e da celebridade lota a catedral. Os que não gostam dele por terem sido vítimas da sua vingança o chamam, com desprezo, de "jornalista inspirado", e os outros, de "inglês comum de gênio".

Para mim, ele é o pai de Joséphine e de John. Poder-se-ia escrever a sua biografia organizando-a em torno de duas datas: 1899 e 1915. A morte da filha e o desaparecimento do filho. Tudo se passa acima e abaixo desses momentos de ruptura. Os únicos instantes em que a estátua se racha para revelar a parte de sombra do homem nu.

Em 1935, a França dá oficialmente por encerrada a busca dos desaparecidos da guerra. Isso não impede que muitos homens e mulheres, vindos daqui e dali, continuem a procurar a pista de um último suspiro. Eles deixaram de aguardar, mas não de esperar.

Ossamentas ou cinzas, a morte sem sepultura é um inferno para os vivos.

Aqueles entre os quais estava Rudyard Kipling querem justamente saber. Quando, onde e como a alma de seu filho lhe deixou o corpo. Depois, tocar os seus restos, ajoelhar-se e rezar. Dedicar-lhe no mármore os mais belos versos já escritos por um grande poeta à memória de um soldado morto no campo de batalha. Louvar-lhe o nome gravado para a eternidade e falar ainda com ele. Você foi um homem, meu filho...

Pode-se falar a um túmulo, não a um espectro.

Em 1992, no Pas-de-Calais, mudou-se a atribuição de um túmulo no cemitério britânico de Sainte-Marie de Haisnes; favorecendo cotejos inéditos, a informatização dos seus arquivos permitiu esta iniciativa excepcional da Comissão para as Sepulturas de Guerra do Commonwealth. Ali onde se lia:

A LIEUTENANT
OF THE GREAT WAR
IRISH GUARDS
KNOWN UNTO GOD

foi erigida uma pedra tumular na qual se pode ler doravante:

LIEUTENANT
JOHN KIPLING
IRISH GUARDS
27th SEPTEMBER 1915 AGE 18

Uma dúvida, porém, subsiste. Há especialistas para contestar esta identificação, pois, sem ser um esporte nacional, a procura do filho perdido de Kipling também tem os seus especialistas; eles fazem pensar nesses historiadores da arte que devotam a sua existência erudita à atribuição de quadros anônimos sem se interrogar sobre o mistério do que têm diante de seus olhos. Como se a prova pudesse *realmente* importar a outros além dos seus pais! Passou-se a agitar o espectro do DNA, quando o próprio Kipling, nos seus últimos tempos, já não se interessava senão pela pista. É bem verdade que ele era poeta.

Em 2001, um empregado das Edições Macmillan encontrou seis dos seus blocos de notas ao desempoeirar as gavetas de uma escrivaninha. É questão de grandes cemitérios sob a lua, do desconhecimento do protocolo que demonstra o prefeito de uma vila francesa quando da peregrinação do rei George V e das proezas da "Duquesa".

Em Loos, o nome do tenente John Kipling não foi nunca apagado do memorial dedicado aos desaparecidos. Crê-se que o seu destino é permanecer num intermédio até a consumação dos séculos.

Kipling tinha salteado todos os campos de batalha e todos os cemitérios militares tomando notas. Sabe-se por elas que tinha ido a Haisnes e visitara o de Sainte-Marie. Tinha-se inclinado diante das sepulturas dos homens conhecidos só por Deus. Tinha reencontrado o filho, mas nunca o soube.

Um jardineiro foi o seu guia.

3
A bengala-banco de Monsieur Henri

Um dia, já na casa dos sessenta, Henri Cartier-Bresson reata com o seu primeiro amor, o desenho. Doravante, o grande fotógrafo encontra a sua felicidade com o creiom na mão. A sua renúncia à reportagem não significa, no entanto, um adeus à fotografia; uma Leica enfiada numa camurça espreitará permanentemente a carícia dos seus dedos até o seu último suspiro, num bolso do seu casaco. Simplesmente, ele deixa de correr. Não para repousar, mas para pousar.

Numa bengala-banco, na contemplação das obras de arte.

O fotógrafo é o homem que caminha tal como Giacometti o moldou. Se para de caminhar, ele morre ou renasce como desenhista. Não se tem a mesma visão do mundo se se está sentado ou de pé. A magistratura sabe algo disso. Na pré-história da era numérica, as pessoas de imagem podiam dividir-se em duas categorias: os partidários da 24 X 36, que agrediam a sua presa ameaçando-a com o seu olho de ciclope, e os defensores da 6 X 6, que se inclinavam diante dela numa prece laica. O que Jean-Luc Godard transpôs à sua maneira: no cinema levantamos a cabeça, diante da televisão baixamos os olhos.

Cartier resolveu esse falso debate entre violência e cortesia escolhendo para si uma bengala de museu na loja da rua Saint-Honoré "Aux États-Unis, articles pour hommes". Ainda que ele prefira, de longe, a sua stick-siège Featherwate *made in England* de golfista, que os aduaneiros tomam regularmente por uma bengala-espada. Um presente de seu sogro, que se servia dela no fim de semana, na caça. Ela vem de James Smith and Son, comerciantes de bengalas e guarda-chuvas desde 1830 na New Oxford Street. Do meio dos anos 70 até sua morte nos primeiros tempos da era pós-argêntica, ela não deixa mais "Monsieur Henri", tal como o mordomo chamava o adolescente quando seu avô o chamava para a mesa. A bengala-banco de Monsieur Henri: o objeto e o nome combinam impressionantemente bem para se confundir na pessoa tão francesa de Cartier-Bresson. O conjunto forma um conjunto com ele, assim como a bengala irlandesa de madeira preta de grossos nós salientes formava um conjunto com o autor fetiche da sua juventude, James Joyce.

A bengala-banco evoca-o melhor que qualquer outro objeto. Ela encarna os seus olhares: os do desenhista, do pintor, do fotógrafo, do passeador, do viajante... Olhares sucessivos, constitutivos de certo olhar. Cartier-Bresson vive, no entanto, rodeado de *rosebuds*: o seu canivete sempre no bolso, esta estatueta africana na estante... A bengala-banco marca a passagem de uma fronteira e uma entrada a uma forma de sabedoria. Basta vê-lo numa galeria do Louvre, diante de *La raie* de Chardin ou de *La charrette* de Le Nain, pousado sobre o seu instrumento em equilíbrio, à maneira de Corot na Itália instalado sobre o seu tripé dobrável.

É curioso constatar que a literatura é tagarela sobre a bengala, prolixa sobre o assento, mas muda sobre a bengala-banco. Todo um mundo se introduz ali.
Nos últimos anos, o nômade se sedentariza. As pernas já não o seguem como antes, as escadas o fazem pensar duas vezes. Isso servia mais para desencorajar os agradáveis veraneios no Lubéron ou no cantão de Berne, os pulos aqui ou ali na velha Europa, e mesmo a Veneza. Não impede, pois que confissão a adoção definitiva desta bengala-banco, que renúncia para um andador profissional, mas também que manifestação de força de vontade! Não se poderia recusar a abdicar com mais brilho.

Budapeste não ousa acreditar muito na vinda de Cartier-Bresson por ocasião da grande retrospectiva que lhe está consagrando. O museu Ludwig pede-me, então, que insista em que ele aceite imediatamente e com entusiasmo ir ao castelo de Buda. Pouco depois, apoiando-se no braço de sua mulher, Martine Franck, e da sua colaboradora, Thérèse Dumas, ele desembarca numa cidade que se engalana com as cores da sua exposição. O biógrafo que sou, a quem se pediu que desse uma palestra sobre o artista e sua obra, vive então esta experiência única: contar sobre o seu herói na presença dele.
A sessão de tortura desenrola-se no anfiteatro lotado do Instituto Francês, sob a batuta de Stanislas Pierret. Henri reencontra a sua alegria para se perder no mais alto da sala entre estudantes. Tudo ali gira em torno de sua-vida-sua-obra. A minha palestra foi improvisada na inquietude, que se trai pelos olhares que lanço regularmente para o lado do penúltimo degrau. Mas Cartier-

Bresson me encoraja a continuar. Diversas vezes, enquanto o público se põe a protestar de maneira inexplicável, ele faz calar a sala com um polegar firmemente levantado para o céu. Como não reagiria aquele povo que deu ao mundo os seus maiores fotógrafos, um Kertész, um Brassaï, um Moholy-Nagy e um Capa, mas também um Lucien Aigner, uma Rogi André, uma Nora Dumas, um François Kollar, uma Ergy Landau, um André Steiner?! E, certamente, um Martin Munkacsi, de quem uma simples imagem comprometeu o jovem Cartier-Bresson para o resto da vida. Sem esta diáspora, a fotografia não teria a mesma feição. Mas naquele dia era como se os fotógrafos estivessem todos sentados ali diante de mim a me fitar, céticos, irritados e húngaros. O que eu havia dito de tão terrível? Nada que fosse capaz de ofender a alma magiar. Havia dito, precisamente, que o meu herói tinha toda a razão em encorajar a fotografia sem máquina, pondo o olho, o espírito e o coração numa mesma linha, mas sem o recurso vulgar à técnica. Todos nós tiramos fotos sem máquina. Basta um olhar, mas um olhar organizado.

Assim, outro dia, no metrô, um *hassid* perdido no século, um temente a Deus de outro mundo, saído do trem ao mesmo tempo que eu, põe a sua bolsa no banco e procura alguma coisa, encurvado e como que salmodiando uma prece contra a parede na qual se desdobra um imenso cartaz que anuncia um filme policial; a sua silhueta medieval, o túnel em perspectiva, e em segundo plano o título em letras garrafais: *Um homem à parte*. Eu tiro a foto, sem máquina; ela fica gravada na minha memória.

A foto como a pintura: *cosa mentale*. Virgílio era um excelente pintor sem pincel: *vê*-se o quadro sem que ele tenha tido necessidade de pintá-lo quando ele descreve a preparação da fogueira na *Eneida*, tornara a dizê-lo diante do incrédulo público húngaro.

Movimentos diversos no anfiteatro. Tomam-me por louco. Henri está radiante. Eu tanto o tinha ouvido desenvolver esta ideia, tanto sobretudo o tinha *visto* pô-la em prática na rua, num salão, em todas as partes, fazendo o quadro com as mãos para mostrar o que acabava de captar com um só olhar, que ele me convenceu. O seu polegar se vai dirigindo para o céu com ostentação à medida que se lhe encolhem os ombros. Ao final, todo o mundo se reconcilia diante das tiradas do mestre sem discípulo. Ele me retém: "Amanhã de tarde, vou mostrar-lhe algo inaudito."

Um quadro num museu.

Não me arrependerei jamais da última vez que me levou a uma exposição. Os mundanos no dia do *vernissage*, e os turistas culturais em seguida, vão ver uma exposição para dizer que viram uma exposição; nós vamos ver quadros, preveniu-me ele. Alguns somente, sabendo que apenas um basta para a nossa felicidade.

Estamos diante da casa dele, na escola do olhar, o Louvre. Ele quer mostrar-me os retratos do Egito romano. Sobretudo os adornos de múmias pintados em madeira encontrados no sítio de Fayoum. Ele aproxima-se: "Há muita massa, é espesso...", e depois recua e abarca uma série com um rápido movimento dos olhos: "Derain não está longe..." Nós perambulamos na carne dos deuses, entre os embalsamados sob a proteção de Osíris, em avançado estado de sideração. Um retrato de mulher feito com a técnica da aquarela nos faz calar. De qualquer maneira, ele detesta que se fale enquanto ele olha. A suavidade de seu olhar distingue-a do hieratismo circundante. Henri não consegue deixar de tê-lo, e ainda mais quando o sorriso apenas se esboça. A composição triangular, dois cachos e um colar, cumula a sua visão do mundo desde que ele fez sua a fórmula inscrita por Platão na entrada da sua Academia: "Que ninguém entre aqui se não for geômetra."

A evidente beleza desta presença o deixa feliz. Ao lado deste, os outros retratos não se sustentam. Só ele possui esse suplemento de alma, esse não sei quê de tranquilizador que traduz uma grande serenidade interior, um para além da morte. Na saída, Henri exige, em vão, um cartão-postal, até que lhe explicam que ele fora destruído, porque tinha sido impresso ao contrário.

Que importa? Ele não perdeu o dia, mas encontrou alguém. O rosto pintado o perseguirá por muito tempo. Subitamente a jovem relações-públicas o tira do seu sonho desperto:

– Os senhores são da imprensa?

Henri me olha e esboça uma careta.

– Casualmente...

– Nesse caso, os senhores devem inscrever o seu nome no registro.

Com um gesto quase esnobe, ele rejeita a hidrocor que ela lhe estende, saca a sua caneta-tinteiro, põe ostensivamente a mão esquerda no quadril, qual lorde Ludd em *Barry Lyndon* preparando-se para honrar com a sua assinatura uma dívida de jogo, e traça com tinta preta, com a sua escrita firme e fina, as letras que compõem o meu nome de batismo e o meu sobrenome. Ele, por seu lado, parece encantado. Eu não posso senão decidir-me e tomar-lhe em troca a identidade. A sua alegria está no ápice quando a jovem atrás da sua mesa, devolvendo o registro, o avisa:

– Olhe só, que curioso, eu achava que o senhor fosse mais jovem!

Como combinado, e após termos galgado um a um os degraus do Szépmüvészeti Muzeum de Budapeste como tantas estações de uma via-sacra, nós nos encontramos. Henri descobre um elevador que lhe permite levar-me, de olhos fechados, à sala espanhola. Um lugar habitado como se encontra às vezes nesse gênero de lugar, questão de atmosfera, de cor, de colocação, de mobiliário. Aqui, as janelas ficam no teto. Uma bela luz zenital esquenta a carpintaria. A escolha me surpreende, os seus mestres comprovados são franceses, italianos, flamengos. Não espanhóis. Cartier abre caminho diretamente para um pequeno quadro (69 x 107,5 cm) a que ninguém presta atenção. O único quadro em preto e branco. Um Goya.

Toda a dor do mundo se desdobra ali, diante dos nossos olhos, através do olhar do surdo. Em primeiro plano, mulheres se fazem massacrar à queima-roupa. Há ali algo do *Tres de mayo* em seu pavor, ainda que não se saiba nada dos fuzis que lhes apontam. Em segundo plano, pálidas silhuetas perdidas numa paisagem de desolação. Elas parecem perdidas no grande todo, enquanto a natureza se organiza em torno delas, e formam um conjunto com o que as envolve. Elas são o pivô do desastre. À força de penetrá-las com o olhar, nós nos tornamos eles até integrar a sua noite profunda no nosso mundo. Primeiro plano ou segundo plano, o que se retém são os braços levantados para o céu.

Henri ignora soberbamente, no alto, o esplêndido retrato da mulher de Bermúdez por Goya, bem como o Miranda pendurado bem do lado. A emoção o sufoca, ele procura algo no bolso, abre a bengala-banco e se senta. Eu vou procurar a diretora do museu, explico-lhe que aquele é o homem cujo nome está exposto em todos os cartazes da cidade e que... Alguns instantes depois, ela traz uma cadeira, discretamente faz com que os raros visitantes deixem a sala e nos deixa sozinhos.

Ele não nota nada de tão comovido que está. Os seus belos olhos azuis embaçados estão a apenas cinquenta centímetros da tela. Ele a fita e repete: "Goya compreendeu tudo, viu tudo, disse tudo..."

Antecipando o reflexo que é o seu assim como uma pintura reclama a cópia, eu coloco a cadeira atrás dele; ele se senta naturalmente, sem sequer a olhar, como se a presença dela fosse evidente, deixando deslizar a bengala-banco.

Com o seu bloco de desenho sobre os joelhos, ele desenha o que vê. Para ele é uma regra e uma higiene de vida. Crendo que, em seu retorno da Itália, Goethe confiou a ele e só a ele, a ele pessoalmente, que o que não se desenhou simples e absolutamente não se *viu*. Os colecionadores têm necessidade de possuir uma obra para vê-la. Cartier-Bresson não é um colecionador. Ele é justamente Goethe.

Há nele algo desse pintor bizarro do século XVII que destruía os seus quadros assim que os terminava. O estado de graça da execução sobrepuja tudo. Durante os seus anos asiáticos, Cartier-Bresson enviou os rolos de filme a Nova York e só descobriu as suas fotos por acaso, muito tempo depois, folheando revistas.

Entretanto, nada o angustia duradouramente como tudo o que tem que ver com a forma. Ele também poderia escrever "*dessein*" em vez de "*dessin*" à maneira dos poussinistas, defendendo a linha contra a cor tão cara aos rubenianos. Imaginamo-lo como espadachim desafiando o inimigo com a sua bengala. Ele já desenhou velhas de Bruegel, de Géricault, de Leonardo, de Dürer, mas as velhas de Goya que copiou em 1995 são certamente as mais bem-feitas.

Ele poderia ficar cego, uma visão vela nele, a dos milhares de quadros de que está impregnado. Assim como Borges havia guardado para sempre em si o som dos milhares de livros que ele lera antes de escutá-los.

Uma sensação de pureza da infância o invadiu diante do quadro – Ruskin chamava a isso "a inocência do olho". Uma lágrima corre-lhe pela face esquerda, e depois o esboço de outra pela direita, que ele reprime com o dorso da mão.

"... compreendeu tudo..."

Goya é um profeta, embora ele não saiba exatamente de quê. Malraux viu isso. Mas os verdadeiros possuídos não o são sempre do que eles ignoram?

O horror, o horror, o horror, repete o herói em agonia no coração das trevas.

Zoran Music lembra-se de ter ficado muito impressionado ao ver os quadros de Goya em Madri e Toledo antes da guerra, mas confessa que não os compreendeu verdadeiramente senão depois da guerra. Nesse ínterim, durante a sua deportação, ele julgou ver as mesmas coisas que Goya. O campo corrigiu o museu, e Dachau explicou o Prado.

A bengala-banco de Henri jaz no chão. Já nada existe além dele e do Goya. Imensos Velásquez em segundo plano, uma vidraça em contracampo, a outra metade da sala banhada numa suave penumbra. O seu olhar brilha de novo assim que a sua mão repousa um instante sobre o bloco, como que vencida pelo mistério que ela quer captar. Eu me ajoelho a alguns passos dele. Meu Deus, que foto... A lenda diz que nada o encoleriza mais que ser o alvo de uma objetiva fotográfica. A lenda diz a verdade como todas as lendas. Nós todos o vimos ameaçar e perseguir com o seu Opinel o impertinente que havia ousado desafiar a interdição.

Não o fazendo senão em sua cabeça, a minha Leica M4 tinindo de velha deixa o meu bolso e vem para a mão. Foi ele quem me aconselhou a levá-la comigo. A tê-la sempre comigo, nunca se sabe. De manhã mesmo, durante a visita à grande sinagoga, ele preferiu esperar-nos sentado, por medo de que as pernas o traíssem. Quando voltamos, o guarda o repreendia em iídiche, intimando-o com muitos gestos a cobrir a cabeça, e Henri, impassível, respondeu em francês: "Senhor, eu só lhe falarei depois de o senhor responder à minha pergunta: os judeus têm ou não uma cosmogonia?" Fiel ao seu caráter, e continuando a olhar de alto a baixo, de modo fulminante, a sua escolta, Henri pôs ferozmente o seu boné no instante mesmo de deixar o único lugar da cidade onde é imperativo cobrir a cabeça. A sua atitude foi para nós uma delícia, mas ela não apagou a imagem que me ficará gravada desse instante: ele, sentado muito sabiamente num canto isolado, acariciando a minha Leica posta entre os seus joelhos como se fosse um gato.

Na sala espanhola do museu, o assoalho quase não range sob os meus pés. Eu só tinha trazido uma objetiva de 35 mm, mas era o ideal naquelas circunstâncias. Tiro alguns clichês, depois me levanto e giro em torno dele, outras imagens, mais perto, mais longe. Uma trintena ao todo, pois sei que jamais tornarei a rever este homem nesta situação e neste lugar. Mas, entre todas essas fotos, só há uma de que eu gosto, a única de que estou seguro, ajudado nisso pela luz natural, a única que permite ver bem. Pela primeira vez, e provavelmente pela última, tenho a sensação rara e orgulhosa de ter captado a respiração de uma alma.

Com o seu olhar panorâmico de 180 graus, Henri vê tudo. Ele sente tudo, adivinha tudo, mas não diz nada. É com dificuldade que um murmúrio escapa ainda de seus lábios: "Olhe bem, só Goya compreendeu perfeitamente a vida, a morte..."

Só um artista nos pode fazer tocar com o olho esta região obscura da alma onde o animal se acaçapava no homem. Ali onde os filósofos fracassam em explicar a barbárie nele, o artista ressuscita o seu fundo bestial. A arte não é ornamento, poucos o disseram tão fortemente como Goya nos seus cartões para tapeçaria.

Henri está comovido por tê-lo sentido tão subitamente à beira do abismo onde o precipita a angústia absoluta. Só a compaixão do pintor para com os seus espectros de humanidade que o seu pincel lança na tela pode conjurar-lhe o pessimismo. Não se saberá jamais se esses alheados são humilhados. Mas nesses momentos de graça Cartier paga a sua dívida com Diderot, o primeiro a lhe dizer que a pintura é a arte de ir à alma por intermédio dos olhos; se o efeito se detém nos olhos, o pintor não fez senão metade do caminho.

É essa uma cena escapada dos *Desastres da guerra*? Cartier-Bresson estaria igualmente devastado. Essa poderia ser uma das *Cenas de malfeitores* pintadas por Goya entre 1810 e 1812. Uma se encontra no Museu Nacional de Buenos Aires. Havia quatro, marcadas com N28, e reagrupadas sob o tema "Paisagens animadas". Ignora-se o que esses velhacos fazem precisamente. Não como os dois protagonistas de *Duelo de bengala* (Prado). Eles se enfrentam nas areias movediças do centro de um universo arrasado. O sobrevivente será certamente engolido. Para que matar quando se vai morrer?

Só os braços erguidos para o céu indicam que eles estão aterrorizados.

Cena da guerra de independência espanhola. Com a menção "Adquirido em Berlim em 1912". Está escrito abaixo, em inglês. Mas na versão francesa do catálogo ele se intitula *Attaque à main armée*. Vá-se saber! Se é verdade que se *viu* efetivamente o que se copiou, então se terá *lido* verdadeiramente o que se traduziu.

O título muda tudo. Cartier foge do título sob a obra de arte. Quadro, desenho, gravura, fotografia. A identificação é a morte do olhar. Desde que ele saiba ver, é a sua única injunção para os espectadores. Olhem antes de tudo! Com o que se chama olhar, oferecendo-lhes o luxo do tempo, o privilégio dos sentidos. Identifiquem em seguida, com o que se chama identificar, apoiando-se nas muletas da cultura, e nas falsas pistas da intitulação, com o risco do malvisto, assim como há mal-entendidos. Brancusi convida a olhar as esculturas até vê-las.

Vaidade da explicação, porque não há nada que compreender por esse viés.

O poeta René Char, conhecido como Capitão Alexandre no seu maqui, encontra conforto na sua resistência à barbárie contemplando uma pequena reprodução de Georges de La Tour colada na parede acima da sua mesa. Ele crê ver *O prisioneiro*, porque está escrito na parte de trás. Sabe-se depois que se trata, de fato, de *Jó escarnecido por sua mulher*. O visitante do Museu do Épinal, que possui o La Tour, vê o mesmo quadro que o combatente no seu quartel-general de Céreste?

No Goya que Cartier-Bresson desenha, tudo é devastação. Longe dos imperativos do pedido, o pintor se dá todos os direitos. Sonhar, imaginar, alucinar essas fórmulas de crueldade. Ele oferece a si mesmo o luxo absoluto do capricho. Não há maior liberdade para um artista. A quimera não espera senão o seu querer para tomar forma, ainda que trágica.

Conta-se que Goya pintava cada vez menos à medida que os seus tímpanos se dilaceravam. A sua paleta se ensombrava como o seu caráter, ao mesmo tempo que o seu estado de saúde se degradava. Nem sombra nem luz. O céu se torna plúmbeo. Os personagens parecem encerrados do lado de fora. Nenhuma saída possível. Esse mundo crepuscular está condenado. Tão longe do Goya dos retratos. Onde estão os olhos grandes de Isabel de Porcel? O lábio guloso da duquesa de Alba? O poder nunca saciado de Manuel Godoy?

A diretora do museu volta na ponta dos pés. Passou-se bem uma hora. Vão fechar. Um balançar de cabeça e um sorriso discreto bastam para no-lo significar. Ali onde o fotógrafo se contentava com uma fração de segundo para captar relações de formas, o desenhista ainda permaneceria algumas horas. Ele levanta-se e aproxima-se uma última vez do quadro. Parece querer abraçá-lo antes de deixá-lo: "Fotografa-o, a ele também, moldura incluída. Assim, poderei terminar o meu desenho em Paris..." Eu ajo. Apenas alguns clichês do quadro, só do quadro.

A metade direita da pequena tela nos mergulha na peregrinação de Santo Isidoro, uma das pinturas negras feitas também nas paredes da sua casa no início dos anos 1820, quando o surdo da *Quinta del Sordo* é tomado de alucinações. Henri se separa dele com dificuldade. Produz-se então um estranho fenômeno, de rara intensidade. Outra imagem se superpõe à que estou vendo. Não uma imagem metafórica: uma verdadeira fotografia. A que Martine Franck tirou dele longe daqui, no Prado, e onde se lhe vê o nariz sobre a tela a ponto de se fundir com ela, tanto e tão bem que parecia ser o prolongamento desta coorte e o último personagem na pradaria de Santo Isidoro, precisamente.

"Goya, meu Deus, está tudo ali..."

Até aquele dia, eu só tinha visto uma vez lágrimas correr-lhe pelas faces.

A primeira vez tinha sido oito anos antes.

Estamos sentados no seu ateliê. Ele me dá, enfim, uma entrevista para um jornal. Por muitas horas, falamos da sua vida na desordem. De quando subitamente a guerra estoura. Eu o instigo a falar dos seus anos de *stalag*. Embarga-se-lhe a voz à simples evocação dos prisioneiros. Quando o nome dos seus amigos lhe vem aos lábios, a sua vista se turva. Ele baixa os olhos e se cala, balançando a cabeça em sinal de impotência. Não sou então mais que um espectador mudo. Eu reencontrarei logo a cor daquelas lágrimas nos banquetes dos sobreviventes no hotel Lutetia. A amizade não consiste somente em compartilhar o problema do outro. A nossa nasce neste instante. Um homem como ele, capaz disso nesse momento, merece um livro. Justamente por isso. Algumas lágrimas que jamais se podem reprimir porque essas ausências não passarão jamais.

Deixando o Museu de Belas-Artes em Budapeste, Henri ainda repete incansavelmente a última frase que pronunciou diante do quadro. Loucura falar sobre a coisa pintada, já que a pintura fala por si mesma. Inútil contar duas vezes a mesma história. Todos os artistas dizem isso. Um ponto de vista que Cartier-Bresson compartilha: ninguém consegue arrancar-lhe um comentário sobre suas fotos. Vem-me à memória uma de suas dedicatórias, grafada com tinta preta na contracapa do catálogo de sua exposição no Palazzo Sanvitale em Parma: "... com minhas desculpas: muitas palavras para nada dizer. Lápis e Leica são silenciosos." Talvez seja por isso que ele pouco lê sobre os pintores.

De Goya, Cartier-Bresson não quer conhecer senão sua pintura.

À noite, na Academia de Música de Budapeste, tão preciosa para Liszt, nos reencontramos para o *Diálogo das Carmelitas*, inspirado a Poulenc por Bernanos. Sua emoção é palpável, mas sem comparação com aquela que o quadro provocou. Aliás, na saída do concerto, a malícia reaparece imediatamente: "Foi você quem fez a aproximação entre Poulenc e Rhône-Poulenc? A família..."

No dia em que Henri me apresenta seu Goya, eu falo com Philippe Godoy. Este precioso amigo entre todos tem um conhecimento íntimo dele. E o motivo: seu antepassado Manuel Godoy figura na dupla qualidade de primeiro-ministro do rei e de amante da rainha. Goya lhe deve a nomeação de pintor da Corte. Philippe Godoy não conhece apenas as hesitações e os rompantes do pintor, seus medos e seus momentos de felicidade: ele o sente, ele vive com, ele *é* o quadro. Por procuração, por delegação, por filiação. Desde o momento em que falo disso com ele, ele tenta fugir do assunto e pergunta sobre o pequeno Goya de Budapeste.

Um dia de verão em Madri, em meados do século passado. Estamos sentados no terraço de um café, meus pais, meu irmão e eu. Eu não tinha mais que dez anos. Sobre a mesa uma gaiola; na gaiola um canário doméstico. Como batizá-lo? Meu pai eleva o olhar até a placa de rua acima de nossas cabeças. *Calle Goya*. De volta a Casablanca, meu irmão e eu instalamos o novo membro da família em nosso quarto. Logo a gaiola passa a ser usada somente de noite. Durante o dia, o pássaro fica livre no quarto; enquanto fazemos nossos deveres, ele permanece empoleirado em nossos ombros como um supervisor geral. Ele é nosso. Uma noite, eu o observo. Ele sai do ombro de meu irmão, vai até o canto da escrivaninha, um momento estoico, repentinamente mudo. Então ele se lança no vazio, e a cabeça é a primeira a bater no chão. Dentre uma confusão de murmúrios reconheço a palavra "suicídio". É a primeira vez que vejo alguém morrer. Não a última. No dia seguinte, ele tem direito ao funeral familiar numa duna da praia. Apesar de tudo, apenas um canário. Há mais de quarenta anos vivo com a sua lembrança.

Goya era seu nome. Antes de ser pintor, ele foi pássaro.

Certa manhã, dois cartões-postais de Godoy me trazem notícias do quadro de Goya. Falam de aplicações incomuns e espessas de tinta feitas com pincel, quando na verdade o artista aplicava espessas camadas com a espátula. Trata-se de uma velha questão polêmica que colocou em lados opostos o neto do pintor e alguns especialistas suspeitos quando de algumas vendas entre 1866 e 1868. Caso para estudo. Ainda que o Szépmüvészeti Muzeum de Budapeste mantenha suas posições: é inútil voltar a discutir a controvérsia suscitada há tempos; os céticos de outrora fizeram o julgamento a partir das reproduções. Os experts já decidiram. O quadro foi exposto no Hermitage e em Tóquio. É o orgulho da coleção espanhola, em pé de igualdade com seus outros Goyas, tanto o quadro do marquês de Caballero como o do transportador de água ou o do amolador.

Levei um tempo para perceber que fotografei o Goya de Budapeste em preto e branco. É verdade que o cinza-escuro predomina. Mas a pequena marca vermelha na cintura de um dos personagens em primeiro plano desapareceu. De qualquer forma, não tem importância. A foto não existe. As outras tampouco. Rebobinando o filme no avião, dei-me conta de que desde a partida o filme não estava bem encaixado no rebobinador.

Desta única conversa entre Goya e Cartier-Bresson não resta nada.

Por causa dela perdi o sono por vários dias.

Quando decidi me abrir para Henri, seu rosto se iluminou: "Mas o que se pode fazer?! Lembre-se do que você mesmo explicou aos húngaros. Tudo isso é *cosa mentale*! A foto sem máquina, uma maravilha... Tudo está em sua cabeça, gravado para sempre, não?"

O que eu não daria para salvar alguns centímetros do filme? Destas duas ou três fotos, por não poder mostrá-las, contento-me em *contar* a história até o fim dos séculos.

Curioso paradoxo. Nada me transporta como algumas fotos de Cartier-Bresson; entretanto, convenço-me de que o verdadeiro Cartier é aquele da foto sem máquina, pois somente ele está ligado ao prisioneiro dos anos 40, fugitivo permanente do campo de concentração. É o único momento de sua longa vida adulta em que durante três anos ele não parou de fotografar, sem máquina fotográfica. Há algo de vertiginoso em pensar que estes milhares de fotos do planeta dos campos foram feitos por ele e somente para ele.

Nesta manhã, ao abrir a correspondência, um novo cartão-postal de Godoy. Ele evoca prudentemente as polêmicas dos experts, uma atribuição incerta antes de dar bruscamente o golpe de misericórdia: contrariamente ao julgamento das autoridades do museu, o Goya de Budapeste é atualmente considerado no mundo da arte uma cópia feita por Eugenio Lucas y Padilla, de um dos quatro Goyas conservados no Museu Nacional de Buenos Aires. Uma cópia...

Como anunciar a Cartier-Bresson que há uma dúvida? Mas, afinal de contas, por que dizer isso a ele? Seria arruinar um momento precioso. Ele jamais saberá. *Cosa mentale...*

De tudo o que acabo de contar nestas páginas, não subsiste nenhuma outra testemunha além do desenho de Henri. O Goya talvez não passe de um desenho. O filme está virgem. E a queda de meu pássaro foi apagada pela areia. De que importam as provas se somente os vestígios dizem a verdade?

Um ano depois, meus passos me levaram novamente para as bandas de Budapeste. Eu trouxe algumas gravuras do Goya devidamente fotografadas no Szépművészeti Muzeum. Para Cartier-Bresson, para que ele pudesse continuar seu desenho inacabado. Ele promete voltar a isso em breve.

Chega o dia de verão de 2004 no qual sua alma se dissocia de seu corpo. Em setembro, Martine Franck organiza uma inesquecível noite de homenagem na Cartoucherie de Vincennes. Preparando a minha parte, imagino contar à nossa equipe húngara: "Goya, Leica e *cosa mentale*." E, porque me convidam a projetar fotos numa tela durante minha intervenção, só escolho uma. Aquela que se impõe: "o" quadro que comoveu Henri Cartier-Bresson. Mas a tela fica desesperadamente branca, por minha culpa.

Neste dia, o negativo de minha segunda tentativa permanece inencontrável.

4

Celan sem seu relógio

Em 17 de abril de 1970, Éric Celan, quinze anos, não espera seu pai em frente ao Teatro Récamier em Paris. O cartaz anuncia a peça de Beckett. A encenação é de Roger Blin, e a companhia, a de Renaud e Barrault. Seu pai comprou os ingressos, mas avisou na véspera que não poderia assistir ao espetáculo. O som da campainha toca e chama a atenção até dos espectadores na rua. Em alguns minutos, sentado numa pedra à beira de uma estrada rural arborizada, Estragon vai recusar-se a tirar seu calçado. Espera-se Godot, Celan desaparece.

Sua mulher anda pelos três cômodos que comprou para ele na Avenida Émile-Zola, número 6. Ali, ele vive sozinho sem se adaptar. É habitado, mas não tem ninguém. Na casa dele, ela tem mais chances de encontrá-lo ausente. Sobre a mesa, uma biografia de Hölderlin em alemão, aberta na página 464, com uma frase sublinhada: "Às vezes este gênio se torna obscuro e submerge nos poços amargos de seu coração..." Sobre a mesa de cabeceira, seu relógio e sua aliança. Uma vez ele lhe disse que o dia em que encontrassem seu relógio separado de seu pulso ele já não existiria. Tirar o relógio de pulso para melhor cortar as veias

é clássico. Os agentes da polícia consideram este detalhe um indício. Inútil, neste caso: afogou-se no Sena perto de sua casa.
Na sua agenda, na data de 19 de abril, lê-se: "Partida Paul."
O homem que se jogou da ponte sabia de coisas que outros homens não sabiam. Seu olhar via longe, alto e profundo. Ele tinha acesso ao invisível onde se estendem as paisagens interiores. Era um poeta.

As homenagens o dirão: ninguém melhor que Celan soube traduzir a condição desintegrada do homem moderno na solidão de todos os seus exílios. O desastre lhe era obscuramente familiar. Sua íntima relação com as trevas fascina tanto que assusta a quem não se deixa asfixiar por suas palavras.
Não um poeta alemão, mas um poeta de língua alemã. Haveria uma suprema e triste ironia da História em um dia ter-se que fazer dele um poeta da França por ter adquirido a nacionalidade e por dominar perfeitamente a língua.
Uma biografia é frequentemente um romance com um índice de nomes citados. Qual o sentido que isso teria na vida de um Celan? Nela, o obscuro ocupa todo o espaço, é o lugar do nascimento dos poemas, seria balizado para se ver melhor, as datas e circunstâncias voltariam como provas, a empresa seria fadada ao fracasso. Para escrever a verdadeira biografia de Celan, seria necessário, antes de tudo, penetrar a língua alemã. A que ele escolheu. Uma língua que ainda me é demasiado estrangeira. Por ele, eu reaprendo o alemão numa das edições bilíngues de sua obra. Tão absurdo e vertiginoso como aprender alpinismo

subindo sozinho o Zugspitze. Mas ele mesmo não aprendeu sozinho o inglês com o objetivo explícito de ler Shakespeare? Celan sabe ler em oito línguas, mas não concebe escrever em outra senão a materna. Por definição, a língua que não mente. Trata-se do alemão, e mais precisamente do puro alemão, o mais clássico. Ele pode citar diretamente centenas de autores, mas o faz indiretamente, através dos passadores de cultura. Ele conhece dezenas de passadores, mas privilegia entre eles os judeus, como se quisesse convencer que reside nisso a sua universal vocação.

A seita celaniana se esgota em querelas exegéticas cuja aspereza nada fica a dever às do surrealismo e dos lacanianos. De tal forma que se pode medir a força desta obra pela violência dos cismas que ela gerou. Como se a loucura do herói devesse de certa forma contagiar seus seguidores. Acreditamo-los todos divididos entre as exigências do comentário e a injunção de como calar. É necessário dizer que raramente uma obra terá resistido assim, até este ponto, às pretensões da tradução, tão viva é a avalanche sintática que ela envolve. Quando o significado é palpável, falta-nos o som. Quando o som é audível, amiúde falta o significado.

Tanto intérpretes quanto tradutores, tanto tradutores quanto outros grupos o criticaram por ter-se tornado demasiado Mallarmé e demasiado Heidegger, enquanto outros por ser muito próximo da família ou ainda por ser influenciado. Quanta energia na exclusão! Desde o título: cada um com o seu. *Atemwende*, para citar somente um: "Mudança de respiração" para André Bouchet; "Virando a respiração" segundo Henri Meschonnic; "Inversão da respiração" de acordo com Jean-Pierre Lefebvre. Trata-se, no entanto, da mesma e única palavra que designa em alemão este fenômeno respiratório pelo qual o fluxo se inverte entre os dois tempos da respiração. Philippe Jaccottet, poeta e tradutor, que chegou ao final de Musil, não toca em Celan. Demasiado abrupto e tenso para ser traduzível. Ele disse que diante dele ele se sente como no sopé de uma montanha escarpada. Admite isso aquele que conseguiu ascender *O homem sem qualidades* pelo lado escuro.

Uma obra difícil começa sempre por ter amigos antes de ganhar um público. Pior para eles se eles não se gostam.

A edição alemã de Celan tem cinco espessos volumes. Seus poemas inquietam em vinte línguas. Ensaios, teses, colóquios lhe são regularmente consagrados um pouco por todas as partes. Ele permanece vivo enquanto outros já estão mortos em vida.

Os maiores poetas escreveram em sua glória. A forma como Jean Demonsant o retratou poderia facilmente intitular-se *Túmulo para Paul Celan*:

"Possuidor de uma vasta cultura e de conhecimentos linguísticos sólidos e amplos, M. Antschel-Celan realizou brilhantemente os vários trabalhos de tradução, revisão ou edição que lhe foram confiados. Tendo um cuidado escrupuloso tanto na preparação como na revisão de seus textos, dotado no mais alto grau do senso da nuance, escrevendo num alemão puríssimo e manejando a língua francesa com a mesma habilidade, ele tem também um excelente conhecimento de inglês. Ele pode encarregar-se da tradução de textos russos. Convém acrescentar que M. Antschel-Celan sempre foi pontual e disciplinado em seu trabalho. Por seu espírito de equipe, sua afabilidade e sua perfeita cortesia, ele soube, durante sua muito breve estadia no BIT, conquistar a simpatia dos chefes e de todos os colegas, e sua saída voluntária foi unanimemente lamentada."

M. Jean Demonsant era chefe de seção de tradução do Bureau Internacional do Trabalho em Genebra em 1956. Seu certificado de trabalho é uma obra-prima de refinamento e empatia.

Paul Celan domina várias línguas ocidentais, bem como o hebraico, que seu pai, fervoroso sionista, lhe transmitiu. Mas ele conhece outra língua, mais secreta ainda: o silêncio. Edmond Jabès assegura que só o silêncio permite escutar a palavra e que, quando se chega ao auge de sua potência, só o escutamos pelo intérprete das palavras.

Celan é um dos que sabem instalar o silêncio na conversa. Não desses silêncios que têm lugar de sabedoria nos calados. Um verdadeiro silêncio de meia hora, notável na densidade. Nada preenche mais que um mutismo desta qualidade.

Difícil não ser contaminado pela língua do autor quando se escreve sobre ele. O léxico contagia, à falta de gênio. Não se pode ler a poesia de Celan na duração sem ser impregnado dela. Mas elíptico não é lacônico. Diante de tal economia de palavras, numa ousadia de tão asfixiante densidade, surpreendemo-nos a não mais dizê-lo lacônico, mas lapidar.

Celan é: "Ninguém testemunha para a testemunha." Nada a acrescentar, nada a retirar.

Toda uma vida de poeta para escrever que a poesia nada pode dizer. Senão talvez isto que Jabès disse de seu amigo Celan:

"O lugar está vazio quando o vazio ocupa todo o lugar." De que nos desocuparmos das pequenas solicitudes que nos preocupam. Sabe-se apenas confusamente tudo o que a poesia pode modificar nos nossos próprios confins, mas até o fim agradecerei àqueles que me ensinaram a manter, a me manter de pé, a resistir talvez. Tanto a Blanquette como a Celan.

A Blanquette, a cabra de monsieur Seguin olhando as estrelas no céu claro: "Oh! Se eu resistir até o amanhecer..."

A Celan e a seu poema *Stehen*:

> PERMANECER, RESISTIR, *na sombra*
> *da cicatriz no ar.*
>
> *Permanecer, resistir para-ninguém-e-para-nada.*
> *Desconhecido de quem quer que seja,*
> *para você*
> *somente.*
>
> *Com tudo o que nisso possui do espaço,*
> *e mesmo sem a*
> *palavra.**

Sua cidade, Czernowitz, se situava em Bucovina quando ele pela primeira vez abriu os olhos em 1920. Mas ela não parou de mudar de país. Galega, austro-húngara, moldávia, romena... Deve ser estranho nascer numa cidade que muda o tempo todo. Seus habitantes souberam com certeza preservar um sentimento íntimo

---

* Traduzido da versão de Jean-Pierre Lefebvre, Gallimard, col. "Poésie".

e arcaico dessas mudanças. Mas nenhum entre eles saberia dizer se isso fez deles excelentes sedentários ou irrepreensíveis nômades.

Nada impede, nesta Mitteleuropa cujos verdadeiros contornos são tão inacessíveis quanto irredutíveis à geografia, nesse mundo de antes em que os países não param de mudar de nome ao bel-prazer de seus novos proprietários, mais ainda do que alhures um escritor é cidadão de sua língua, sua verdadeira pátria: nem o romeno, obrigatório, nem o francês, a primeira língua viva que ele aprendeu. Precedendo o espectro de Celan errante no campo de ruínas do Ocidente devastado, o fantasma de Kafka é um dos raros a denunciar em falso essa partilha das sombras. Não mais tcheco do que o outro é austro-húngaro.

Ambos escritores judeus de língua alemã, contanto que não se trate de uma categoria e que se possa sair disso a qualquer momento. Nunca esquecer, em "estrangeiro" há "estranho".

Um Van Gogh domina sua cama de adolescente. Uma reprodução da *Pietà* pintada por Van Gogh segundo uma litografia de Delacroix quando ele sobrevivia ao asilo de Saint-Rémy-de-Provence. Uma exceção numa obra que conta com poucos temas religiosos. O que um pintor executa por admiração por outro pintor, pela atração pelo tema e porque ele não pode deixar seu quarto. O pequeno Antschel adormece e abre os olhos para este Cristo morto com Mater Dolorosa. Sobre o que Vincent descreve precisamente assim para seu irmão Théo:

Na entrada de uma gruta jaz inclinado, com as mãos à frente no lado esquerdo, o cadáver exaurido, e a mulher se mantém atrás. É uma noite após a tempestade, e esta figura desolada vestida de azul se destaca – suas roupas esvoaçantes agitadas pelo vento – contrastando com um céu onde flutuam nuvens violeta com bordas de ouro. Ela também, por um grande gesto desesperado, estende os braços vazios à frente e vemos suas mãos, mãos fortes de trabalhadora. Com suas roupas esvoaçantes, esta figura quase tem tanta largura quanto altura. E, estando o rosto do morto na sombra, a face pálida da mulher se destaca na claridade contra uma nuvem – oposição que faz com que essas duas cabeças pareçam uma flor escura com uma flor pálida arranjadas propositadamente para valorizá-las.

Hölderlin e Rilke são os primeiros mestres de Celan. Adolescente, ele recita *Cantos de amor e morte do corneteiro Christophe Rilke*. Bons estudos, boas leituras, bons amigos, boa família.

Depois, sua vida se engolfa no horror.

Vinte meses no campo de trabalhos forçados de Tabaresti, um povoado próximo de Buzau, na Moldávia, entre 1942 e 1943. Lá ele presencia sucessivamente a morte de seu pai de tifo e o assassinato de sua mãe com uma bala na nuca, ambos deportados. É lá que ele aprende a cavar. Não cessará jamais a partir daí. A terra primeiramente, depois a língua. Não se encontra outra forma de fazer ressoar novamente palavras já ouvidas. Quem cava? O agricultor, o jardineiro, o coveiro. Celan é o homem que cava.

Após a guerra, Paul Antschel mudou o nome para Paul Ancel e depois para Paul Celan. Quando procuramos seus livros na biblioteca da Aliança Israelita Universal, na rua La Bruyère, em Paris, não encontramos nada de Celan, Paul. Tudo está lá. Em alemão.

Síndrome pós-traumática e culpa de sobrevivente. Intacto no exterior, destruído no interior. Toda uma vida por pensar e repensar: Por que eles e por que não eu? O acaso é um cão do inferno.

Na Escola Normal Superior, de 1959 até a morte, ele é leitor de alemão, encarregado da preparação dos *agrégatifs* para o tema oral. Leitor, não poeta. Os dois não se misturam, especialmente nisto. Ainda que os dois se encontrem no tradutor. Aquele mesmo a quem Valéry atribui a delicada missão de criar com graça o que mais está próximo do desconforto. Celan não traduz qualquer coisa ao acaso, põe de lado os trabalhos mercenários. Com a distância, eles se impõem, Michaux e Char, Pessoa e Baudelaire, Rimbaud e Mandelstam, Nerval e Eluard, e alguns outros. Desnos também. Não é necessário explicar por que cabe a ele traduzir em alemão para os alemães as *Feuillets d'Hypnos*, monólogo de tristeza, de dúvida e de morte escrito quando vivia com os resistentes na guerra, uma experiência verdadeiramente absoluta.

Às vezes, ele se apropria e distorce. Quando Jean Cayrol, autor do comentário do filme de Alain Resnais *Noite e nevoeiro*, o convida a traduzi-lo para o público alemão, Celan o *celaniza*, condensando-o à força de elipses até fazer dele um poema em prosa bastante pessoal.

Sua vida cotidiana é saturada de significações. A obra é intrinsecamente autobiográfica. A vida e a obra se absorvem reciprocamente. "Eu nunca escrevi uma linha que não tivesse relação com a minha existência", confessa ele a um amigo. Ele só se encontra em seu 20 de janeiro. É sua data e seu totem. Rara confissão pública formulada em seu discurso pronunciado por ocasião da entrega do prêmio Georg Büchner.

A soma de seus poemas forma a coletânea invisível de seu *Diário* íntimo.

Cada um deles é obscuramente datado de 20 de janeiro. A data não está escrita no final do texto, mas inscrita no corpo do texto. É a data de nascimento do guerreiro judeu que existe nele, esse 20 de janeiro de 1942 em que se deu a conferência de Wannsee, que decidiu modalidades da solução final.

É em *Todesfuge*... a morte, um mestre vindo da Alemanha...

Celan é do gênero que se agasalha de leituras. Ele lê tudo, todo o tempo. Ele diz que vem de uma pátria onde viviam homens e livros. Os homens já não existem, restaram os livros, os quais testemunham que este mundo realmente existiu.

Sua biblioteca parece-lhe um fundo de abismo; seus livros mantêm ali um colóquio sussurrado permanente. Bem poucos escapam das anotações e dos sublinhados. É da ordem do palimpsesto, salvo pelo fato de não ser escrito por cima, mas ao lado. Sua voz emerge através da voz dos outros. O reflexo atinge o paroxismo quando ele sobrepõe suas próprias datas às de Kafka no *Diário* de Praga. Kafka, seu irmão em prosa, como Mandelstam o é em poesia. Cerca de cinco mil livros seus repousam hoje nos arquivos literários alemães de Marbach-am-Neckar.

Um "i" indica uma ideia por reter para um futuro poema, estando entendido que um poema não é redutível a uma ideia. Poemas ele escreveu às centenas, e com dificuldade três pequenos textos em prosa, que se relacionam.

"Escrever um poema depois de Auschwitz é chocante, e isso destrói também o diagnóstico que diz por que se tornou impossível escrever poemas hoje em dia." Lemos estas linhas na *Crítica da cultura e da sociedade* (1951). Anos que se assinalam acima. Para Adorno, não é um diagnóstico, mas um problema. O gênero de pensamento que se cita sem cessar para melhor denunciá-lo. A não ser que tal se faça para ultrapassá-lo reconhecendo que a arte deveria ter vergonha diante de tal sofrimento. Adorno e Celan deviam encontrar-se, mas se perderam. Nas suas anotações, porém, Celan não o perdeu: "Qual é a concepção do poema que se insinua aqui? A presunção daquele que tem cabeça para levar em conta Auschwitz a partir da perspectiva do rouxinol ou do sabiá músico."

Celan todo é uma resposta à injunção de Adorno: pode-se escrever *depois* escrevendo *desde*. É o coração de seu desafio, aquele em que ele se mantém. Só se pode penetrar efetivamente o enigma de Auschwitz em alemão, do interior da língua que deu a morte. É o único meio de superá-lo, não há outro: escrever do campo na mesma língua dos carrascos de seus pais inscrevendo pela força dos hebraísmos na carne das palavras. Os herdeiros da língua de Goethe e de Goebbels se viam, assim, condenados a observar a deambulação triunfal de cerca de cinco milhões de espectros entre eles.

Só Celan soube.

E Nelly Sachs por meio de suas "coisas", como ela nomeia a Rilke seus poemas, em alemão e como concidadã desse país invisível onde não se faz outro voto além de morrer sem ser assassinado. A correspondência Sachs-Celan, que se pode ler nas entrelinhas como a crônica das paranoias ordinárias e o deslizar progressivo em direção ao delírio, testemunha sua intensa proximidade da loucura, estando suposto que somente a poesia lhes permitia pôr em boa ordem o seu caos.

Talvez a língua de Paul Celan e de Nelly Sachs se torne um dia esta famosa língua em que a humanidade possa reparar toda a história da Europa banhada de sangue.

Cinco mil anos em que se tenta eliminar o povo judeu da face da Terra, cinco mil anos em que nunca se conseguiu fazer isso. Existe uma prova melhor da existência de Deus?

Celan só escreveu um poema em francês, ele que o fala tão bem. Um só para seu filho. Ele mesmo filho único; ele tem um único filho. Éric, anagrama fonético de "Écris", como Celan o é de "Ancel".

Oh, os presunçosos,
não sejas um deles.
Oh, os câbleurs,*
não sejas um deles,
a hora, minutada, te secunda,
Éric. É preciso escalar esse tempo.
Teu pai
te respalda.

---

* Que trabalha com cabos, fiação eletroeletrônica etc. (N. do T.)

A hora, minutada, te secunda... Como não ficar estupefato? Sua cadência lembra outro de seus versos, sobre a pintura: "Meu sentido da audição passou para o de tocar, onde ele aprende a ver."

Para além da sensação inebriante e da emoção suscitadas por este poema, um enigma se mantém. Que estão fazendo aqui esses "*câbleurs*"?

Cada um de seus poemas pode ser considerado um mistério por resolver. O leitor se lança nele com o risco de se perder num labirinto, mas com guias deslumbrantes. A *celanologia* é a mais precisa das ciências inexatas. Somos tomados de vertigem na descoberta das referências autobiográficas, filosóficas, históricas e botânicas que ela faz sair de trás de cada uma de suas palavras. Um mundo se escondia, portanto, atrás de cada signo que a pesquisa revela. Há algo de agathachrístico na busca de senso dos leitores de Celan. Deve-se aos mais teimosos a identificação das fontes de onde jorra o impulso do poema, o que jamais impedirá seja lá o que for de ser penetrado pela sua *Fuga de morte* na ignorância total do *Tango de morte* tocado por uma orquestra de cordas no terror do campo de Janowska.

Outros antes dele fizeram explodir as convenções da escrita, e outros ainda extraíram suas palavras de diferentes idiomas, mas ele permanece como um dos raros a tê-lo feito em tal condensação de escrita, cavando no fundo de sua noite para lá escutar o murmúrio dos mortos de nariz curvado. Desses abismos ele relata um rumor universal.

Mas e esses "*câbleurs*"?

Numerosos intérpretes dissecaram esta obra com a humildade necessária para se diluir nela. Podem-se sempre consultar os dicionários, que Celan não desdenhava. Fez-se até com que um computador tragasse seus poemas, o qual devolveu fluxos de ocorrência. Falhou-se em sepultar o poeta em vida, sob montes de comentários, quando a verdade de suas palavras importava mais que sua eufonia. Mas a interpretação mais erudita jamais esclarecerá mais o indecifrável de seus poemas do que a sua releitura ao infinito. Para além do sentimento vertiginoso da impregnação, sai-se dela todo tatuado de versos. Não seria de espantar se surgissem então de um salmo os aplausos dos rios, o rugido do mar e o canto das montanhas.

E esses *"câbleurs"*? Um idiotismo celaniano talvez, a espessura do cabo opondo-se às ligações sutis entre as pessoas tecidas de fio. A menos que, murmurando então Paris com respeito a um artigo do *Canard enchaîné* sobre as escutas telefônicas, seja uma alusão. Pode tratar-se também de uma alfinetada contra uma personagem de sinistra memória que tomou partido de Madame Goll quando ela acusou Celan de plágio, um crítico alemão chamado Rainer Kabel que Celan apelidou "Kable" (ele assinava às vezes Rainer K. Abel). Podemos igualmente ver aí a evocação de um saber "a cabo" cujo controle seria tal que se dispensaria a intuição e a improvisação, exato durante este controle da palavra de que se orgulham os presunçosos. A menos que isso nos remeta simplesmente aos oficiais da Marinha encarregados outrora de supervisionar a sirgagem e a pilotagem dos navios.

Que importa no fundo, já que nada vale deixar ressoar em si os desconhecidos poéticos. Pode-se invejar um filho para o qual seu pai montou esta mecânica de precisão, admirável pequena amostra de palavras, poema cujo manuscrito conserva a marca de uma folha de paulównia. As cascas de plátano estão em todos os lugares de sua casa, dentro de gavetas, espalhadas por seus livros, seus bolsos e suas cartas, inseridas em seus poemas. Seu outro *rosebud* talvez, menos a garantia de um amuleto do que a ilusão de desterrar a infelicidade.

Mas o poeta não se detém para explicar. O que ele escreve deve ser escutado à falta de ser compreendido. Pode-se reler cem vezes este poema a Éric sem perceber que no fim o pai "respalda" o filho duas vezes, não uma, se não se tiver em mente que o escritor se chama Paul.*

Gostar-se-ia de ter um filho somente para poder oferecer a ele um poema assim. É outra maneira de dizer a ele: "Você será um homem, meu filho."

Karl Kraus assegura que um poema é bom até sabermos de quem é. Jean Tardieu afirma que há poesia quando uma palavra encontra outra pela primeira vez. Outros ainda nos dizem que um grande poema é outro estado da língua, que pode causar-nos um efeito de língua estrangeira desconhecida, mas que compreendemos. Para Paul Celan, que tem como ninguém o senso das coisas escondidas, a poesia é cada vez uma só vez o envio de seu destino à língua. Então o poema revela uma forte propensão a se calar. Sentimos na leitura de certas obras suas um mal-estar parecido com aquele que a visão de uma pintura silenciosa provoca. Fica-se agradavelmente perturbado com ela.

---
* Em francês, jogo de palavras entre *épaule* (respalda) e *Paul*. (N. do T.)

É preciso aproveitar a fração de segundo em que nossa respiração parte de costas para se preencher da voz do poema. Antes de fazer verdadeiramente silêncio, enfim.

Tu sabes,
só o que te confiei em silêncio
nos eleva na profundeza.

Paul Celan não dá a mão: apresenta-a. Na sociedade, a elipse feita homem. Paul, o Silenciário, ressuscitado. Irônico e terno, educado e displicente, paciente e atento, ao menos até a psicose radicalizar a menor de suas reações. Mas sempre discreto até se apagar. *Inaparente*: essa palavra terrível é de Jacques Derrida, que cruza com ele durante anos nos corredores da Escola sem o ver verdadeiramente. A menos que ele não tenha sabido olhá-lo.

Percebe-se mais facilmente um virtuose da palavra, um atleta da dialética. Aos outros, os da espécie discreta dos Celans, é preciso procurá-los no fundo de seu segredo, onde eles permanecem cobertos, ainda na sua noite em pleno dia.

Heidegger quer conhecê-lo pessoalmente. Ele diz não ignorar nada de sua vida nem de seus poemas. Àquele que intervém para favorecer o encontro, o filósofo diz de Celan: "É o mais adiante na vanguarda e o que mais se coloca na retaguarda."

Conquanto ainda não se conheçam pessoalmente, um sabe perfeitamente quem é o outro, um sempre comprometido com um passado nazista que ele se recusa a enfrentar, o outro jamais livre de um campo onde seus pais foram assassinados.

Quanto mais Celan avança no deserto desta Floresta Negra, mais se afasta da Terra Prometida. No dia de seu encontro, eles fazem um passeio. Os dois homens falam de plantas e de filosofia. Depois, ninguém sabe verdadeiramente... Gerhard Neumann, assistente do professor Baumann, tem o privilégio de conduzir Heidegger e Celan à lendária cabana do pensamento, no Todtnauberg. Pode-se supor que ele não conduziu amiúde passageiros ilustres. Eles se falam, mas ignora-se o que dizem. O motorista já não se lembra. Só sabemos que a conversa é séria e clara.

Deixando o filósofo alemão, o poeta de língua alemã escreve no livro de visitas: "No livro da cabana, os olhos sobre a estrela do poço, com, no coração, a esperança de uma palavra que viria."

Mas a palavra não veio e o grande depressivo voltou à sua camisa de força química.

Ele só viveu para e por sua língua. Aconteceu-lhe duvidar do fundamento desta ideia fixa, mas ele sempre voltou ao alemão. No final dos anos 1960 em Israel, numerosos são aqueles que não compreendem este apego obsessivo àquilo que eles tinham como um léxico de morte. O judeu de língua alemã Paul Celan insiste, pois a seus olhos somente o judeu nele ainda parece identificável no meio dos restos de sua existência. Israel tampouco é o lugar geométrico onde sua angústia se desculpe, aquele onde sua dupla consolação o corrói para além do suportável.

Isso é o que eles lhe reprovam: o ter-se oposto em consciência bem antes deles. Numa carta de 1946, ele imagina o destino de seus primeiros poemas, adivinha que eles estarão naturalmente a caminho da Alemanha e... "a mão que abrir meu livro terá talvez apertado a mão daquele que foi o assassino de minha mãe"... Compreende-se por que ele vive com um destino de ter de escrever poemas em alemão.

Mas e seu relógio? Caixa e mostrador retangulares. Aço e fundo preto, coroa de latão. O uso o privou de seu cromo original. No mostrador só aparecem os números 9, 12 e 3. Os ponteiros de aço têm forma de gládio. Pequeno ponteiro de segundos nas 6 horas. No verso da caixa figura o número 43 00 188. O relógio é um Doxa. Abaixo do nome está escrito, em francês: "antimagnético."

Doxa para Celan. Gostaríamos de tê-lo inventado.

O jurassiano Georges Ducommun tinha registrado o nome para todos os seus produtos cronométricos desde 1910; acabara de patentear um mecanismo de movimento, oito dias antes. Ducommun se distinguia, além disso, por seus preços muito competitivos. Teríamos gostado de saber a opinião de Ducommun sobre seu Doxa.

O relógio suíço de Paul Celan foi um presente de *bar-mitzvá*. Ele o recebeu junto com um volume encadernado do *Fausto* de Goethe, na edição Insel de Leipzig. Em novembro de 1933, ele tem 13 anos e dão-lhe o prenome hebraico de Pessach. Aí é que jaz sua alma imortal, mais que em Paul, Antschel, Ancel ou Celan, ao menos do ponto de vista do sagrado. Pessach, o fim da escravidão, a libertação, o Êxodo, a passagem, o sacrifício pascal.

Em Paris, o relógio representa tudo o que resta dele. Com aquele livro, o mais antigo de sua biblioteca.

O que ele pôde salvar das ruínas do mundo de antes.

O relógio-bracelete se encaixa no corpo até fazer parte dele. Não se prende no braço do escritor, mas ao redor do braço do coração, o braço dos filactérios de fios lanosos enrolados para a prece da manhã, o braço que é rematado pelo dedo da aliança.

A lembrança do tempo está em todos os lugares. No grande deserto urbano dos quadros de De Chirico, no centro de suas praças causticadas de sol, os relógios de pêndulos têm o ar de parados, apesar de um quadro já ser uma imagem parada. Como se sabe? Sente-se pela irreal angústia que se manifesta à visão.

O antigo gueto de Praga foi batizado Josephov em homenagem a José II, imperador liberal. Vem gente de todos os lugares para contemplar o prédio do governo. A construção da Renascença fica na rua Maislova, com um relógio inquietante cravado na parte de cima da fachada norte. Os ponteiros do mostrador, ornados de símbolos judeus, giram em sentido inverso. Vão da direita para a esquerda, como se lê em hebraico. Único no mundo? Somente aquele que conhece o mundo poderia garantir. Talvez Celan, aquele cujo poema contém o universo.

James Joyce possuía quatro relógios. Seus visitantes se espantavam porque eles indicavam quatro horários diferentes. Ele não.

Numa noite do mês de novembro de 1682, o padre de Rancé consola um amigo em agonia, um sacerdote jansenista: "O tempo já não é digno do senhor; o senhor precisa esquecê-lo e tudo o que passa..." O homem morre consolado. Rancé vai embora, com seu relógio de herança.

Dizemos às vezes de uma pessoa que ela é de "uma beleza de parar os relógios".

Após três anos de pesquisa na Europa e na América, tive enfim o sentimento de tocar a alma de Georges Simenon quando uma passagem de uma de suas cartas me saltou aos olhos. Uma carta inédita em meio a milhares de outras. Uma carta de admoestação a um amigo que se tinha permitido revelar sua parte de sombra, seu jardim secreto, seu *rosebud*. Sua obsessão por relógios, pêndulos e carrilhões reflete uma vontade de controle maníaco do tempo, única maneira de afastar a angústia e de se aproximar daquele que lhe tinha legado todos esses mecanismos de precisão, seu pai. Então, entendi pela primeira vez o que pensa um homem totalmente diferente, Yves Bonnefoy, quando evoca a supremacia de um interior obscuro sobre o simples centro visível.

É curioso como os rastros nos perseguem nos territórios mais insuspeitos. Celan *também* traduziu Simenon. E quais! Nem os maiores nem os mais nobres. *Maigret se engana* e *Maigret na escola*. Sem entusiasmo, na verdade, chegando até a melhorá-los discretamente para lhes dar aparência mais nobre em detrimento do editor alemão, que denuncia nesta licença o trabalho relaxado de um amador. Como biógrafo, descubro na correspondência de Celan, marcada pela densidade aguda de sua poesia, este pequeno sinal discretamente endereçado a mim; depois, em romanço, vi que Celan tinha escrito alguns poemas no papel timbrado do hotel Lutetia.

Cruza-se assim com sombras familiares lá onde menos se espera, e elas por vezes mandam sorrisos ligeiros, onde a conivência se aninha em segredo.

A hora, o relógio, o Doxa... Esta obsessão pelo tempo que poderíamos chamar de síndrome da ampulheta. Talvez se tenha cavado demais, talvez. Não se faz senão seguir a injunção do poeta. Cavar, diz ele. Havia terra neles e eles cavavam, lemos no poema que abre *A rosa de ninguém*. O campo de trabalho de Tabaresti durante a guerra: foi ali que ele aprendeu a cavar. Não se conhece outro meio de fazer ressoar diferentemente palavras já ouvidas. Quem cava? O agricultor, o jardineiro, o coveiro.

Giacometti é o homem que anda, e Celan o homem que cava.

Compreende-se que os outros o sintam sempre à flor da pele, e que a intensidade de toda a sua pessoa torne os contatos delicados, mesmo para os poetas. É claro que há o contexto do caso Goll, a infâmia suspeita de plágio que putrefez a última parte de sua vida, o rumor de que ele se carcomia reativando uma paranoia prestes a saltar dos recantos de sua alma. Há as crises de delírio, as passagens ao ato em público, as hospitalizações e internações sucessivas. Mas nada além disso. A escolha de cada uma de suas palavras parece vital. Sua conversa extenua os interlocutores por sua acuidade. Ele lhes parece viver sempre no extremo, essa borda vertiginosa do mundo onde acabamos por cair à força de passear ali os grandes olhos fechados.

Em 20 de março de 1970, Paul Celan está em Stuttgart a convite da Sociedade Hölderlin. Belo nome para uma sociedade. Ela o convidou a fazer uma leitura por ocasião do bicentenário de nascimento do poeta nacional. Na assistência, um homem escuta a voz de Celan enquanto os outros escutam a de Hölderlin. É o conde Clemens von Podewils, secretário-geral da Academia Bávara de Belas-Artes, um amigo de Heidegger. Ele percebe que o convidado fala alemão como se falava na antiga Áustria, não deixando perder-se nenhuma sílaba, nenhum final de palavra. Na sua maneira de pronunciar a palavra *Uhr*, sem sequer se socorrer da frase, sabe-se se é um relógio de pulso, um de parede ou a hora.

A hora saltou do relógio de parede, pôs-se diante dele e ordenou-lhe que fosse exato.

Henri Michaux encontra Paul Celan no fim. O que ele diz do poeta, somente outro poeta pode escrever:

Falamos para não ter de falar. Era demasiado grave em si, o que era grave. Ele não teria permitido que se penetrasse nele. Para parar, ele tinha um sorriso, amiúde, um sorriso que tinha passado por muitos naufrágios. Nós fazíamos parecer ter antes de tudo problemas concernentes ao verbo.

Dois coniventes reunidos por sua preocupação com a discrição, com a proteção de sua intimidade. Ambos lacerados pelo sentimento de que, dando vida aos seus mortos, cada palavra de seus poemas fazia com que morresse o seu segredo.

Os últimos tempos são irrespiráveis. Gostar-se-ia de impedir que soçobrasse, mas como? Ele já não está em si ao agredir na rua um passante que julga hostil, nem ao arrancar violentamente do pescoço de sua mulher o lenço amarelo que ela usa por ocasião de uma viagem de trem. Amarelo como a estrela. Ele tentou matá-la com uma faca, e de outra feita estrangulá-la. Ele cortou as próprias veias, e noutra ocasião tentou matar-se com um corta-papel. Só conseguiu arruinar o pulmão esquerdo, lugar da supremacia do sopro sem o qual o poema não tem língua. Gisèle, sua tão amada e tão amante mulher, o salva na hora H, mas se afasta do círculo infernal para preservar seu filho.

Entramos num morto como num moinho. Sartre escreveu isso um dia. Nada é tão indiscreto como remexer numa biblioteca. Isso é como folhear o morto. Um livro entre outros encontrado na de Celan. Anotado, reescrito, transcrito, emendado como tantos outros. *As palavras*, justamente. Lido quando de sua publicação, em 1964. O que ele sublinha "no" livro de Sartre:

Em Sainte-Anne, um doente gritava do seu leito: "Eu sou príncipe! Prenda-se o grão-duque!" Ao nos aproximarmos dele, dizíamos ao seu ouvido: "Esperta!", e ele espertava; perguntávamos a ele: "Qual é a tua profissão?", e ele respondia suavemente: "Sapateiro", e se ia sem gritar.

Mais adiante: *Meu delírio deixou minha cabeça para se infiltrar em meus ossos.*

Mais adiante ainda: *Uma pessoa livra-se de uma neurose, não se pode curar de si mesmo.*

Um escritor deveria ser enterrado com sua biblioteca. Às vezes, ela fala dele mais que seus próprios livros, suas cartas, suas agendas.

Quanto mais um escritor sente que se aproxima de seu fim, mais suas palavras se tornam raras, e seus textos, lapidares. Dir-se-ia que já os espreita o silêncio das pedras. Como respeitá-lo quando ressurgem na memória as famosas palavras iniciais do *Tractatus* de Wittgenstein, "Quanto àquilo de que não se pode falar é preciso guardar silêncio", em seguida ao que a possante voz de George Steiner acrescenta logo que o que é preciso calar é justamente o que mais importa.

Seu último poema:

> *Vinicultores cavam*
> *ao redor do relógio hora-sombrio*
> *profundidade sobre profundidade...*

Mas o relógio de Paul Celan não estava parado no momento da morte de seus pais? Que pode significar a felicidade após isso?

A própria palavra "felicidade" fere, unida ao nome de Celan. Exatamente como "infelicidade". Demasiado francesa, muito francesa. Falta-lhe esta vivacidade, esta intensidade e esta forma de deleite particular que encerra a palavra alemã *Schmerz*, esta dor para além do sofrimento. Não se saberia definir essa "felicidade". Yves Bonnefoy diz o que não é: remissão dos reveses e suspensão do trágico, antes de correr o risco de dizer o que é: o cintilar no horizonte ainda que uma só vez da luz de um sentido plenamente compartilhado. Isto lhe aparece no final de uma tarde de conversa em sua casa, quando subitamente diz Celan: "Vocês [*os poetas franceses, ocidentais*] estão em casa, dentro de sua língua, de suas referências, entre os livros, as obras que vocês amam. Quanto a mim, estou fora..."

Efetivamente não se pode mesmo deduzir daí, como para tantas outras coisas, que a situação do exilado determine sua aspiração à felicidade. Pois ele não está no exílio. Exatamente um estrangeiro em todas as partes: ele não tem para onde voltar. Em sua terra não estava verdadeiramente em casa, pois ali já foi, sucessivamente, romeno, soviético, habsburgo e apátrida. Seu mundo verdadeiro já não existe, pois os que o habitavam já não existem também. Nem sequer em seus sonhos, que neurolépticos e psicotrópicos velam durante os últimos anos de sua vida.

O que resta para o poeta que já não pode ver-se de dentro?

A felicidade, Celan a entrevê de novo furtivamente perto do fim. Uma jovem encontrada em Jerusalém, poemas de amor em que ele se permite enfim respirar e um inesquecível "Eu te abro folheando-te". Diante de mim, no calor da conversa, George Steiner o relembra também com toda a emoção e capacidade de convicção que ele reserva àquele que ele considera o maior poeta alemão depois de Hölderlin. Ele se apropria desta imagem, desembaraça-se da tradição barroca que fazia desdobrar-se a mulher, depois ele retorna à cerca do campo. Os deportados ali folheavam os velhos talmudes como livros vivos. Hoje, por seu turno, os alunos jamais deveriam esquecer-se de folhear os grandes professores.

O que não daríamos para folhear aquele que considerava o poema como uma vigilância sem fim?

Tirar o relógio para entrar na eternidade. Mediante esse gesto, o poeta se despoja do que o identifica. Celan sem seu relógio, seu dedo sem aliança: é nu que ele avança para a morte. É um morto de longa data adiada que se apresenta diante do parapeito. Um homem constantemente nos limites de sua personalidade. Sem a poesia, ele se teria engolfado há muito em seus abismos. Ele encontrou sua língua para dizer tudo isso. A ponte Mirabeau é a de outrora; saltando-a, ele se livra do tempo.

Um céu de tinta escurece a luz do Sena. Ele enfrenta sozinho esses obstáculos que se dizem intransponíveis à falta de saber nomeá-los. Sozinho com seus poemas, sozinho nos confins da abjeta solidão porque seus poemas e ele são um só.

> *Passam os dias e passam as semanas*
> *Nem tempo passado*
> *Nem os amores retornam*
> *Sob a ponte Mirabeau corre o Sena.*
>
> *Venha a noite soe a hora*
> *Os dias se vão eu permaneço.*

Grande e antiga é sua afinidade com Apollinaire. Quantas vezes ele ofereceu *O passeante das duas ribeiras* a seus visitantes! Ele se joga do alto da ponte Mirabeau, sob as janelas do quarto em que Marina Tsvetaïeva passa sua última noite antes de voltar para a Rússia, onde será torturada. Toda poesia se mantém, Celan tinha traduzido esses dois poetas, eles o esperavam no lugar de sua morte.

Cioran assegura que, se Celan não se tivesse matado, teria sobrevivido como judeu piedoso: em vez de se afogar no Sena, seria devorado pelo Talmude. Mas Cioran alega também que, sem a ideia de suicídio, ele teria se matado assim mesmo. E que ele não conseguiu viver porque tinha diante de si a perspectiva de morrer escolhendo o instante da morte. Não seria outra a maneira de se subtrair à loucura ordinária.

Cioran diz que Celan não é um homem, mas uma ferida que sangra. Celan diz que Cioran não é claro, que é mentiroso e suspeito. Eis tudo.

Aquele cuja língua é a clareza em si, Primo Levi, reprovou a obscuridade da poesia de Paul Celan, crendo até descobrir nisto o anúncio de seu fim. Os dois puseram fim aos seus dias mergulhando: eles se jogaram, um num vão de escada, o outro num rio. A um coube somente cair; ao outro também. A clareza do escrito não preserva mais da morte voluntária do que sua obscuridade predispõe a ela.

Os que não estiveram lá, lá não penetrarão jamais, e os que estiveram lá, de lá não sairão jamais: o campo está fora do mundo. É preciso guardar isso no espírito em face desses saltos, antes que se levante a nebulosa de explicações.

Seu cadáver foi encontrado num filtro do Sena, perto da ponte de Courbevoie, em 1º de maio do ano 5730, quinze dias após os judeus celebrarem a saída do Egito. Na sua pasta, duas entradas de teatro com a data de 17 de abril de 1970 para ver *Esperando Godot*. Encontramos também, mas em sua obra desta vez, poemas premonitórios, com pistas sobre a ponte Mirabeau, o afogamento e a dignidade devida ao homem por sua morte. Curioso léxico dos fins últimos: de um suicida, diz-se que *se deu a morte*, como se fosse um presente; de um acidentado, diz-se que *encontrou a morte*, como se a tivesse procurado.

Se toda e qualquer morte é um mistério, a morte voluntária nos é a mais enigmática. Tem-se somente o direito de imaginar o que se espera dela? Dir-se-á que em Celan o suicídio é o remate inelutável do poema, este esboço traçado por sua mão, pois pronunciar nomes impronunciáveis lhe queimava a garganta.

No dia de sua morte, Celan perde Beckett. Ambos tinham sido leitores na Escola Normal Superior. Cada um em sua língua. Eles se encontraram não na vida, mas na morte: hoje, na rua d'Ulm, a sala Celan fica ao lado da sala Beckett.

Desde a queda da noite até o amanhecer, quando os estudantes deixam os lugares, tem lugar então um colóquio sussurrado em francês como raramente se ouviu, mesmo entre essas paredes. Uma conversação de silêncios.

5
Sob o cachecol de Jean Moulin

Se o estilo é o próprio homem, o que dizer de sua biblioteca? Não aquilo que existe *dentro* de seus livros, é evidente. O que há *diante* das bordas das folhas de seus livros, menos evidente. Algumas capas que nos olham, duas fotografias, um cartão-postal. Uma escolha que engaja.

As visões de minha biblioteca me traem fielmente: Pessoa, surpreendido em plena intranquilidade numa rua da Baixa, Proust na leveza inquieta de seus dezesseis anos, uma bela pose do poeta Albert Londres quando jovem tirada pelo jornalismo, Simenon reacendendo seu cachimbo na frente da PJ, Gide capturado no grafite, Primo Levi numa expressão de uma verdade surpreendente, e mesmo o barulho do curso do Neckar tal como Hölderlin descobria cada manhã abrindo a janela na torre de Tübingen. Eu ia esquecendo o único que não foi escritor, Jean Moulin, cujo retrato recobre uma edição não vendida do discurso pronunciado na época de sua panteonização. Ele nos observa e, apesar da sua doçura, seu olhar bate como um chamado à ordem.

Meus caros fantasmas. A noite chega, eles se lançam numa conversa das mais singulares. Um dia, um amigo se demorou ali, passou-os em revista e, parando no último, me olhou.

– Quem é ele para você?
– Alguém da minha família, de alguma maneira.
Depois, ele murmurou:
– Agora eu entendo.

Diz-se deste quadro icônico: o signo lembra o que o designa. Um ícone feito de um chapéu de feltro com abas baixas, de um cachecol de lã, de um sobretudo escuro. O ícone de um santo laico, Jean Moulin, como em si mesmo a eternidade o fixa. Dezenas de fotos suas, entretanto, foram encontradas. Mas é como que só houvesse uma, sempre a mesma, e que volta. Sempre, em todas as partes. O cachecol, o chapéu, o sobretudo tornaram-se seus estigmas. Em certo número de desenhos, de selos também, só se guardaram para representá-lo estes três elementos. Como que subitamente transfigurado em vaidade.

Este retrato se tornou a sepultura do homem que ele não quis. Só ele pode ser visto na iconóstase da Resistência. Ele eclipsa todos os outros. Ele *é* a Resistência.

Jean Moulin: eficaz, rápido, claro. Tenaz, mas tolerante. Não alguém familiar, a quem se abraça ou em quem se coloca a mão no ombro. Grande inteligência, não na especulação, mas na atitude de efetuar sínteses que levam à decisão. Um homem de ação e de dever, mais que o mais jovem prefeito da França. Um discreto tentado pelo secreto. Força de caráter, clarividência, energia: assim o evocará De Gaulle.

Na véspera da guerra, Eure-et-Loir é seu reino. Ele a cultiva na Hotchkiss da prefeitura. Um departamento tradicionalmente ancorado no centro-esquerda. 252.690 habitantes. Perto dos Beaucerons e dos Percherons, ele encarna o Estado, a República, mais que a Terceira, regime que se abandona num mundo fraco. Em junho de 1940, em plena derrocada, Moulin tem o sangue-frio de canalizar o pânico. Já não se fala a um responsável quando todos só pensam em fugir, os bombardeios se intensificam, o telefone, a eletricidade e o gás são cortados, os rádios ficam de repente inaudíveis, quando os refugiados afluem numa multidão indescritível. Uma cidade aberta não se defende somente do invasor: não se defende de si própria. O homem se torna o lobo do homem no lapso de tempo em que sua terra se transforma numa terra sem lei. Mundo engraçado, onde a reabertura de duas padarias graças à energia de um prefeito de bicicleta marca o retorno à ordem. Na confusão geral, Moulin se impõe como aquele que organiza, decide, ordena. Ele está lá, e já é o bastante. Este prefeito sem instruções se encontra agindo livremente num país destruído que não é mais nada.

Da aurora ao cair da noite, ele conserva seu uniforme de prefeito. Quando a oitava divisão da infantaria de Wehrmacht atravessa a cidade, faz uma parada na frente das grades da prefeitura. Seu comandante chama de longe o prefeito estoicamente plantado no caminho e pede que ele abra as grades para recebê-lo. Moulin se recusa: ele exige ser feito prisioneiro no perímetro de seu território. Não uma manifestação de orgulhosa rigidez, mas a manutenção de certa dignidade. O princípio é um símbolo. O alemão e sua coluna seguem seu caminho. A rendição fica para depois.

É o primeiro não de Jean Moulin. Para esta guerra, contrariamente à precedente, ele não será um provocador de acontecimentos.

Chartres é um pouco menos francesa. O prefeito, ladeado do grande vigário e de um conselheiro municipal, espera o invasor. As três cores flutuam ainda acima da grade; ele as olha intensamente "como se quiséssemos encher, saciar nossos olhos delas por muito tempo". No instante seguinte, ele coloca seu departamento nas mãos dos alemães. A bandeira nazista flutua acima do prédio da prefeitura, sede da Feldkommandantur 751.

A coragem, a eficácia, o desprendimento e o senso de organização do prefeito de Eure-et-Loir durante as loucas jornadas do êxodo obrigam à admiração. Ele faz seu papel. Mas se pode ser com mais ou menos sucesso: irredutível nas questões de tráfego rodoviário, de pilhagem e de munição, ele se mede também pela impressão humana deixada por um responsável na memória da população.

Naquele dia, por volta das 18 horas, dois oficiais alemães interrompem a refeição do prefeito com seus empregados. O general o chama. No caminho, ele compreende rapidamente por que ele retorna: na véspera, a doze quilômetros da cidade, perto de uma via ferroviária, crianças foram mortas e mulheres violentadas, depois massacradas. Ora, não somente a Wehrmacht quer fazer creditar tal trabalho às tropas negras da "Colonial" francesa, mas espera do prefeito que ele confirme a responsabilidade delas colocando sua assinatura sob um protocolo. Moulin imediatamente se recusa, não acusando ninguém, mas desculpando sem hesitar os atiradores senegaleses.

O exército alemão tem um problema com os negros. Nas suas fileiras, é chocante que a França deixe seus soldados bater-se com facão nos combates corpo a corpo. Os alemães julgam esta arma indigna de um país civilizado, contrariamente ao gás de mostarda, do qual eles têm grande orgulho; os habitantes de Ypres apreciam certamente o que eles batizaram "yperite", lembrando sua primeira utilização militar, em 1917.

Os atiradores senegaleses do 26º regimento resistiram bem. O inimigo lhes perdoa tanto menos quanto ele tem ainda na memória a ocupação da margem esquerda do Reno no começo dos anos 20 pelas tropas coloniais. Animais de uniforme. Selvagens com modos inumanos. Macacos armados de fuzil. Lá os chamavam assim. A *schwarze Schmach*, a "vergonha negra", continua gravada em seus espíritos. Uma profunda humilhação que os alemães ainda não perdoaram. Inútil precisar que quando os soldados da Wehrmacht se encontram face a face com eles, em junho de 1940, estes atiradores parecem ver os pais nos rostos dos filhos. Resultado: massacres e execuções sumárias. Muitos monumentos em honra dos coloniais mortos quando do primeiro conflito mundial são destruídos. Matam-se até os mortos.

O prefeito é levado para uma casa da rua Docteur-Maunoury, e logo cercado de vários soldados de pé e de oficiais sentados atrás de uma mesa de trabalho. O documento está sobre a mesa. Ele só tem de assinar. Sem discussão. Ele fala de infâmia, de indignidade, de honra. Empurram-no, puxam-no, escarnecem dele. Eles tentam convencê-lo de novo. O prefeito pede provas, os oficiais falam de evidências inequívocas; a natureza das mutilações não é uma assinatura negra?

O sorriso que o prefeito não pode conter ao descobrir a qualidade das evidências lhe vale alguns insultos, um cano pontudo nas costas e o nervoso aumentado dos interrogadores. Aos chutes se sucedem as coronhadas. Ele cai, levanta-se e tomba. Mais golpes, com correia de cachorro desta vez. Nada de general. Somente oficiais bem decididos a chegar aos seus fins utilizando algumas humilhações. Eles estendem a folha de papel e a caneta, ele as repele com um gesto. Diálogo de surdos: de um lado um prefeito que fala de honra, dignidade, senso moral; de outro, pequenos chefes de guerra que gozam de sua vitória. A França!, lança ele, esperando puxá-los para o alto; a França..., respondem eles conduzindo-o para baixo.

Uma palavra ressurge sem cessar na boca do francês: prova, eu quero provas, deem-me provas se querem minha assinatura! Sem sucesso, eles o levam de carro pela estrada de Châteaudun. O campo nunca foi tão belo, ao menos até a vila de Saint-Georges. A partir de lá, é o horror, o casario de La Taye. Nove corpos de mulheres e de crianças jazem perto da estrada de ferro, num hangar no fundo de um pátio. Mutilados, martirizados, crivados de balas. Quanto a provas, o prefeito só vê apresentarem-se vítimas infelizes da aviação alemã. Ele sabe perfeitamente que essas mulheres e crianças foram mortas por um bombardeio de uma estrada de ferro. Tudo aquilo estava preparado.

Chovem golpes de novo. Levam-no ao fundo de um quintal para confrontá-lo com uma prova: um tronco de mulher com os membros cortados, a cabeça esmagada. Bombas não cortam braços e pernas com tanta precisão, dir-se-ia. Empurram-no sobre a coisa pútrida e sanguinolenta e trancam-no lá até o cair da noite.

Quando a porta se abre algumas horas depois, brandem para ele o maldito documento, que ele se recusa ainda a assinar. Outro oficial, de patente mais alta, o espera atrás de uma mesa na qual repousa o documento. "Por que essa resistência inútil? Nós sabemos muito bem que o faremos assinar... Eu o deixo refletir."

Para Moulin, está tudo refletido, e é não. O prefeito é obrigado a ficar de pé, mas suas pernas desabam a cada instante. Ele está extenuado, é atacado repetidamente. Sempre não. Decide-se então transferi-lo de carro para um imóvel isolado. No fim de um corredor, jogam-no numa sala de jantar devastada. Nenhuma necessidade de trancá-lo no sótão para colocá-lo mais baixo que a terra.

No chão, um colchão; deitado no colchão, um atirador senegalês; nas costas, o sarcasmo da soldadesca. Fizeram o branco cair sobre o negro: "Como nós conhecemos agora seu amor pelos negros, pensamos em agradar-lhe permitindo que durma com um deles..."

O prefeito faz suas contas no escuro: a provação já dura sete horas. Ele está no limite. Seu companheiro de infortúnio dorme. O que fazer? Nem pensar em fugir: ele se sente fraco demais, e as saídas estão bem guardadas. Se lhe aplicarem o mesmo tratamento ao acordar, não vai aguentar, ele sabe. Então, assinar ou morrer. Assinar seria desonrar-se. Suicidar-se é a solução: sua mãe, a única pessoa que poderia cobrar-lhe algo, compreenderá que ele está fazendo isso para que ela não tenha do que se envergonhar dele.

Hamlet, III, I, 58 é uma cantilena existencial cuja pontuação se negligencia. Pois após "ser ou não ser, eis a questão" há dois pontos, que introduzem o essencial:

Saber se é mais nobre para o espírito sofrer
Os golpes de funda e as setas da enfurecida Fortuna
Ou insurgir-nos contra um mar de provações
E em luta pôr-lhes fim. Morrer, dormir.
Não mais, e com o sono – dizem – extinguir
As dores do coração e as mil mazelas naturais
A que a carne é sujeita; eis uma consumação
Por desejar com fervor. Morrer... dormir.
Dormir, talvez sonhar. Ah! Eis onde se tropeça,
Nesse sono de morte o que se pode sonhar
Quando se tiver escapado do mortal turbilhão
Nos força a refletir. É essa reflexão
Que dá à calamidade uma vida tão longa,
Pois quem quereria o açoite e o desprezo do mundo,
O injusto opressor, o orgulho insultuoso,
As pontadas do amor humilhado, as delongas da lei,
A prepotência das pessoas de mando, as afrontas
Que o mérito paciente recebe dos medíocres,
Podendo ele próprio encontrar seu repouso
Com um simples punhal? Quem suportaria esses fardos
Gemendo e suando, angustiado pela vida,
Senão porque o terror de um após a morte,

País inexplorado, confins de que não voltou
Nenhum viajante, deixa perplexa a vontade,
E nos faz preferir sofrer os nossos males
A fugir para outros que nos são desconhecidos?
A consciência faz assim de todos nós covardes,
E a cor inata da resolução
Empalidece sob o pensamento que a torna doentia;
Então as empresas capitais e de peso,
Desviando-se de seu caminho para ver o que se passa,
Perdem o nome de ação.*

Ganha-se sempre em empurrar a porta e olhar o que se esconde atrás de dois-pontos: o caso de consciência do prefeito de Eure-et-Loir se encontra aí totalmente elucidado. Shakespeare todo é uma explicação do mundo.

Hamlet, Moulin. Um pensamento prolongado por um gesto, que tem algo de teatral. Apesar do fato de que ninguém vê.

Os bombardeios pulverizaram as janelas. Com os cacos de vidro cobrindo o chão, o prefeito não abre as veias da mão que deve assinar, mas corta a garganta que vai gritar.

De madrugada, os soldados o encontram banhado em seu próprio sangue. Um major médico alemão corre e dispensa a ele cuidados de emergência. As primeiras palavras do prefeito são para desculpar o atirador já suspeito de morte ritual. O agonizante é levado com urgência para o hospital, onde os alemães vêm

---

* Traduzido da versão de Michel Grivelet, in *Œuvres complètes*, edição bilíngue, Robert Laffont, "Bouquins", 1995.

logo procurá-lo. É necessário dissipar muito rápido o "mal-entendido". No corredor, um oficial conta sua versão à responsável perplexa: "A senhora não sabia, irmã, que o seu prefeito tinha hábitos diferentes. Ele quis passar a noite com um negro, e veja o que aconteceu com ele..."

Jean Moulin, o homem para as mulheres, o galã e sedutor, um homossexual? Isso foi dito e se diz ainda, mas não se imprime. A Wehrmacht é a primeira a lançar o veneno da suspeita: ela empresta a ele o "gosto pelos negros" e seu lendário poder sexual. Depois a clandestinidade dá consistência à insinuação: o que está escondido é necessariamente suspeito. Enfim, sua proximidade com Daniel Cordier, homossexual sem complexo, junta-se à ambiguidade, ainda que pouco se saiba disso na época. Não há necessidade de forçar a respeito da mitologia dos anos negros para ver ali um casal. A não ser para lembrar que, respeito, lealdade e admiração postos à parte, o secretário de vinte e dois anos achava o prefeito de quarenta e dois um velho. Não era seu tipo. De sua segunda viagem a Londres, Moulin lhe traz um cachecol de caxemira como sinal de amizade.

Sobre o assunto não se sabe mais nada. Então antes a insinuação que a acusação. Um rumor faz mais estragos; ele se instila, se insinua, se instala. Mesmo Henri Frenay em seu livro não ousou ir além. Outrora, esse ruído vil teria manchado profundamente a reputação de Moulin. Hoje muito menos. Amanhã isso se juntará à sua glória.

A insinuação é pior que a acusação: ela não requer prova. Somente ruídos surdos, levantar de sobrancelhas, nomes lançados ao pasto. O rumor é sempre uma sujeira. Este polvo obsceno se alimenta de amálgamas, de anacronismos e de fontes opacas antes de cuspir a pior das verdades: aquela que se apresenta como verdade enfim.

Esse "descrédito" homossexual jogado sobre Jean Moulin, um não escrito à falta de ser um não dito, diz mais sobre "eles" que sobre "ele". Assim como a suspeita de pertencer à franco-maçonaria. À invisível coorte dos companheiros de viagem do PC. Aos obscuros serviços de informação soviéticos. Como se ele devesse sofrer todo o registro da velha retórica obsidional. Ninguém ainda o acusou de ter por longo tempo judaizado em segredo, mas não é preciso desesperar-se, as vias do marranismo são impenetráveis.

Seu sequestro e sua tentativa de suicídio se passam entre 17 e 18 de junho de 1940. Jean Moulin não ouviu o chamado do general De Gaulle: ele tem um álibi. Quatro dias depois, o prefeito retoma sua atividade, em ligação com o Kommandantur. O incidente é encerrado.

A vida retoma seu curso. Tudo isso por nada? Só uma assinatura administrativa num papel. Os alemães renunciaram àquilo. Não se dirá que o exército de ocupação não sabe se controlar. Depois, às vésperas do desembarque, nas suas instruções aos soldados britânicos, os responsáveis militares prevenirão de imediato: "Comportem-se corretamente uma vez estando na França, pois em geral o soldado alemão se comportou bem lá, tal como lhe havia sido ordenado por seus superiores, a fim de melhor levar a França à nova ordem europeia."

A atmosfera torna-se cordial. Nada de sequência disciplinar. Um cartaz cobre os muros de Chartres: "Populações abandonadas, confiem no soldado alemão!"

Um mês depois, numa sexta-feira de julho, Roger Langeron, chefe de polícia, almoça na casa do reitor. De repente, seu velho amigo Moulin faz uma entrada notável, o rosto inteiramente enfaixado: "Ele foi preso, brutalizado e ferido pelos alemães na sua chegada ao departamento dele. Ele não é dos que fugiram do seu posto, nem dos que se mostraram dóceis. Um homem com seu caráter não pode se inclinar!", anota o chefe de polícia em seu Diário.

Alguns dias depois, numa carta ao ministro do Interior, o prefeito de Eure-et-Loir relata os eventos corriqueiros acontecidos em seu departamento desde o começo da invasão. Depois, quando chega o momento de lembrar seu trabalho, simplesmente escreve: "Um dos raros incidentes que se produziram desde a entrada das tropas alemãs foi aquele de que fui vítima em 17 e 18 de junho, incidente sobre o qual decidi silenciar, com o objetivo de apaziguamento."

Incidente é realmente a palavra.

Ele não diz mais nada sobre aquilo, mas pode-se imaginar que o ministro tem meios de saber mais.

Quando seu amigo Pierre Meunier o visita em Chartres em setembro, ele fica imediatamente espantado com o seu cachecol. Não se usa cachecol num calor daqueles. Jean Moulin permanece como aquele que fez frente aos nazistas, sozinho, no seu uniforme de gala de prefeito da República. Não é indispensável ser cristão para encontrar-se ao lado do Péguy de *O dinheiro*:

Aquele que entrega uma praça aos inimigos jamais será senão um safado, mas, apesar de tudo, seria tesoureiro de sua paróquia (e apesar de tudo teria todas as virtudes)...

O prefeito permanece no seu posto num tempo assustador. Esta destruição geral dos valores, das casas, das instituições oferece uma visão apocalíptica. Ele não se demite para melhor proteger seus administrados dos excessos da soldadesca: os grosseiros soldados da Wehrmacht só voltarão à ordem no verão. O alto funcionário permanece fiel a seu ideal de serviço ao Estado, ainda que este lhe seja infiel. Por que ele não se demite quando a Revolução nacional tira a máscara? Nunca saberemos. Hipóteses, especulações e conjecturas. Problema para o historiador. O que se exige dele é uma missão impossível: considerar a vida de Jean Moulin esquecendo as condições de sua morte.

O historiador combate o anacronismo como a hidra de Lerna: assim que são cortadas, as sete cabeças da serpente ressurgem. Mas, apesar dos esforços, ele não pode analisar decentemente as ambiguidades do prefeito fazendo abstração da clareza do resistente que o sucederá.

O fato é que o primeiro dos resistentes não é o primeiro resistente.

Em julho, em agosto, em setembro, decretos se sucedem às leis que visam a banir cada dia mais os israelitas da sociedade francesa, com o objetivo rapidamente confessado de purgá-las deles.

Interditou-se seu acesso ao serviço público, excluíram-nos das profissões médicas, e, caso extremo, anularam-se as suas naturalizações. O Estatuto dos Judeus de 3 de outubro de 1940 é a conclusão lógica disso.

Quando muitos médicos do departamento se escandalizam por seus confrades serem privados de seu avental branco pelas novas leis, ele expede, mas não se sabe que tenha inserido ali a menor palavra de apoio.

Aquele que recusou uma falsidade contra os negros aceita uma verdade que exclui os judeus. A moral de guerra seria uma geometria variável? Assim, ele procedeu sem dificuldade ao recenseamento dos judeus em seu departamento. Um pedido dos alemães, mas sob controle francês e com destino a Vichy. Quando o papel lhe é passado, ele rabisca alguma coisa na margem. Mas o quê?

Moulin não é antissemita, é francês. No final do verão de 1940, o destino dos judeus não é uma prioridade, nem sequer uma preocupação. Vem bem depois de dois problemas do momento, o racionamento e o destino dos prisioneiros, em número de 1.600.000. As medidas de que os judeus são vítimas não sensibilizam além da medida, quer dizer, mais que as medidas cujas vítimas são políticos, franco-maçons e altos funcionários. Elas refletem a verdadeira visão dos novos mestres. Se Vichy não surpreende, Vichy tampouco indigna. De qualquer maneira, tratando-se de Jean Moulin, não se encontra traço disso.

Um prefeito é um animal de sangue-frio. Digamos que ele não pensa menos nisso.

Curiosamente, aquele que escolhe a morte voluntária mais que a desonra de um prefeito espera ser denunciado para deixar seu posto. Destituído em 2 de novembro de 1940, ele parte no dia 16. Quatro meses decorreram desde o acontecimento. Por que ele não se demitiu no dia seguinte ao do seu suicídio abortado? Para servir a seus administrados e não chamar a atenção. Mas então por que ele não foi descartado logo após seu teste de força com os alemães? Fazer essas perguntas não procede do anacronismo. Manter-se fiel a seu posto em consciência quando se exercem tais responsabilidades é arriscar-se na via dos compromissos. Em sentido próprio, comprometer-se. Ninguém sonhará jamais repreender os prefeitos da época; só Jean Moulin é suspeito em razão do que a História fez dele: a imaculada conceição da Resistência.

Mais estranho ainda, nesse ínterim, aquele que sempre exibiu seu orgulho de ser bisneto de um soldado da Revolução e neto de um homem que tinha conhecido as prisões do Segundo Império por ter ousado proclamar seu apoio à República, aquele mesmo consente, na qualidade de prefeito, por sua presença em seu posto e por sua assinatura, nas primeiras medidas do novo regime. Em tudo aquilo que se inaugura com a chegada da morte da República francesa e sua substituição pelo Estado francês: a depuração administrativa, a exclusão dos franceses naturalizados do serviço público, e depois das profissões liberais, a introdução do princípio de retroatividade das leis, o banimento das sociedades secretas, a começar pela franco-maçonaria, a apologia do preconceito racial por meio da imprensa, as determinações alemãs sobre o recenseamento das pessoas e dos bens dos judeus da zona ocupada, seguidas da lei com o estatuto dos judeus promulgada por Vichy... Para executar lentamente e com reticências certas medidas em alguns casos, ele não as deixa de executar ainda assim.

Muitos sapos para engolir para aquele que, entretanto, acaba de pôr sua vida em jogo e uma questão de honra para não desacreditar uma unidade de atiradores senegaleses.

O prefeito Jean Moulin não dá nenhuma garantia, nenhum assentimento, nem, muito menos, nenhum consentimento à pessoa do marechal, à do chefe de Estado tampouco, só ao novo regime. Ele dá sua palavra de honra de que é totalmente estranho às sociedades secretas, mas sua consciência se mantém intacta, já que ele efetivamente não é franco-maçom. Não se revela o menor sinal de zelo no seu comportamento. Vinte e três anos de serviço à República deixam marcas. Alto funcionário até o final, ele o foi em estado de exceção. Republicano apesar de tudo, ele o foi na ausência da república. Isso se traduz nas circunstâncias, durante os cinco meses de seu mandato sob a ocupação, por um devotamento sem limites à defesa e ao serviço de seus administrados, e por uma eficiência apreciada na execução das diretivas da Feldkommandantur.

Tal situação ainda é para ele tolerável. Em 1940, em meio ao choque da derrota, certamente, mas e depois disso? A questão não se coloca.

O primeiro movimento prefeitoral começa em 17 de setembro e dura até o final do ano de 1940. M. Peyrouton, novo ministro do Interior, quer extirpar o antigo regime do grande corpo de representantes de fogo da república. Trinta e seis prefeituras mudam de titular. Muda-se de lugar, aposenta-se, põe-se à disposição, destitui-se. Todos passam por isso. Não se trata de depurar, mas de fazer sair. Chama-se isso, então, de regeneração.

Com seu histórico, Jean Moulin deveria figurar no topo da lista desta grande mudança. Na medida em que ele se distingue de seus colegas recusando que a língua alemã seja sistematicamente utilizada na redação de documentos administrativos. Ou ele não se pronuncia. Os oficiais alemães que ocupavam Chartres fizeram relatórios favoráveis sobre ele. Seus superiores também. Ele figura numa segunda lista, apesar de tudo. Deve isto ao enviado especial do Interior, que escreve a seu propósito: "Funcionário, mas prisioneiro do antigo regime." É de perguntar quem não o é, dos noventa e quatro prefeitos no cargo no momento da invasão alemã.

O que o desabona não é o ter-se utilizado de toda a sua autoridade republicana contra o invasor, mas o ter nomeado como subprefeito Maurice Viollette, um franco-maçom que arvora ostensivamente seu desprezo por Vichy.

Destituído de suas funções em 2 de novembro de 1940 por um decreto assinado pelo marechal Pétain, Jean Moulin deixa seu posto quatorze dias depois. Nada sabemos a respeito, pois na época Moulin não era ninguém. Somente um servidor do Estado. A região de Beauce não é um deserto. A enfermeira-chefe Jane Boullen, que trabalhava ao lado do prefeito, o vê porém como um Lawrence da Arábia. Seria preciso reler *Os sete pilares da sabedoria* para consentir a imagem.

Londres pedia aos altos funcionários que ficassem em seus postos para centralizar a Administração. Fora e dentro, às vezes. Paciência se em todo jogo duplo um dos dois é traído. Para que manter as mãos limpas quando não se há mais mãos?

Recusar-se a assinar é exemplar, querer acabar assim é menos admirável.

A Primeira Guerra Mundial foi palco de muitos horrores, mas não foram torturados prisioneiros nela. De nenhum lado. Isso não é, pois, um espectro temível. Há rumores, mas Jean Moulin é um homem suficientemente conhecedor da coisa política para fazer parte da propaganda. A crer nas rádios e em alguns jornais, quando "eles" estiverem lá será o fim do mundo. No fundo, o erro de perspectiva é devido a uma falha semântica: somente o fim de *um* mundo.

Moulin tenta suicidar-se em 1940, quando ele não sabe de nada: não tem nenhum segredo a revelar e ainda ignora de que os alemães são capazes. O mundo inteiro ignora, e os alemães provavelmente também, principalmente os que não querem saber. Três anos depois, quando é o homem que mais sabe a respeito, ele resiste. Sua memória está repleta de segredos, e ele conhece perfeitamente os métodos do inimigo para encaminhar um prisioneiro para a morte mais lenta, usando todas as fases de um sofrimento animal.

Nesse ínterim, o prefeito Moulin tornou-se Max.

Não se julga um suicídio. Nem sequer se proíbe. Mas um suicídio que pertence à História? É um ato de demissão e de resignação, mas também é um ato de protesto e de vingança contra aqueles que o forçaram a este fim. Parece chinês o costume, que consiste em fazer perder a face do autor de uma injustiça de que somos vítimas enviando-lhe publicamente nossa morte voluntária plenamente figurada.

É um ato pelo qual o homem arranca alguma coisa da morte. Um ato de liberdade absoluta daquele que decide ser o assassino de si mesmo.

Quem morre na França durante o verão de 40? Lugné-Poe, Vuillard e alguns outros, artistas. Eles morrem do coração e do armistício. A ruína, a derrota e seu cortejo de humilhações foram a razão de sua situação cardíaca.

Quem se suicida na França no verão de 40? Muito pouca gente. É uma verdade estatística: num período de guerra, ninguém se mata. Os dados mostram que diminuem em 1870 e de 1914 a 1918. Durkheim já o tinha revelado, e a História o confirma. As guerras fazem diminuir a taxa de suicídios. Jamais como em tempos de guerra a morte é "tão difícil e tão fácil", como escreve Eluard. Matar-se em tais circunstâncias é um desafio suplementar ao opressor, pois conservar até o fim o controle de seu destino em face daquele que gostaria de tomá-lo acaba por usurpar esta soberania ao Senhor.

Nem sequer os loucos atentam contra a própria vida naquele verão. No hospital psiquiátrico de Auxerre, onde os melancólicos tentam frequentemente o suicídio, suspende-se o gesto no momento mesmo da debandada, quando as portas são abertas e ninguém está lá para impedi-los de pôr fim às suas vidas. O doutor Pierre Scherer confirma que a síndrome do pânico surge na derrocada do povo *groggy*; fóbicos intensos e renovados durante o êxodo, não acabam no suicídio, mas numa grande confusão mental. Doentes e enfermeiros salvam-se juntos. Lá fora, cada um se torna guardião de seu irmão. Só é preciso, justamente, ser capaz de andar. Um rumor na região: soltaram os loucos.

Em *A cidade de Deus*, Santo Agostinho associa o suicídio à covardia e à vaidade. Podemos ser culpados de nossa morte. Não temos o direito de nos matar, pois isso seria fugir dos tormentos passageiros com o risco de cair nos tormentos eternos. De Gaulle asseverará que um cristão não se suicida. A menos que isso seja o último meio de fugir de torturas, ou que se trate de abreviar sofrimentos com a perspectiva de uma morte certa. O general perdoaria a este homem posto na obrigação de sacrificar a filha adorada e que, louco de desespero, se joga no rio Marne; antes disso ele manda uma quantia ao prefeito de Nogent para os funerais.

Thierry de Martel tem então sessenta e quatro anos. Ele é médico-chefe no hospital americano de Neuilly. Deve-se a ele a cirurgia de hipófise e a invenção de um trépano. É alguém, e não somente por sua ilustre antepassada. Ele é filho de Sibylle-Gabrielle-Marie-Antoinette de Riquetti de Mirabeau, condessa de Martel de Janville, autora de sucesso, sob o nome de Gyp, de uns cem romances, umas vinte peças e numerosos artigos que se distinguem pela violência de seu antissemitismo absoluto. Ele mesmo se diz nacionalista, próximo das ligas e da Action Française, mas sem o excesso de sua mãe.

O inimigo lhe desagrada. Algo de visceral. Ele sente com uma acuidade toda particular a humilhação da destruição. Ninguém melhor que o Drieu La Rochelle de *A comédia de Charleroi* para compreendê-lo. Cirurgião dos exércitos durante a Primeira Guerra, Martel cuidou dele sob o dilúvio de lama, ferro e sangue. Sua amizade se sela ali. E, sobretudo, o escritor faz parte dos que sabem: um dia, nas trincheiras, numa mesa de operação, Martel reconheceu o corpo do próprio filho, colocado ali pelos enfermeiros. Seu ódio à Alemanha nasceu naquele instante.

Em 14 de junho de 1940, Thierry de Martel está em casa. É sexta-feira. Paris é declarada território livre: ela não se defenderá mais. Ele põe suas coisas em ordem. Depois sublinha um verso de *Hernani* deixado aberto nessa página do ato IV, cena VI, em que o herói sai do grupo de conjurados a fim de se dirigir a D. Carlos:

Já que é preciso ser grande para morrer, eu me levanto!

Uma injeção de estricnina, longe da honra castelã, mas mais perto da desonra francesa, e pronto. No mesmo dia da entrada dos alemães em Paris. Seu amigo William Bullitt, embaixador dos Estados Unidos, recebe uma carta dele:

Eu fiz a você a promessa de não deixar Paris, e não disse se ficaria em Paris vivo ou morto. Se permaneço vivo aqui, é um cheque cruzado que envio aos meus adversários. Se permaneço morto, é um cheque sem fundos. Adeus.

O professor de Martel preparou o atentado contra sua própria vida com a mesma meticulosidade de seus atos operatórios. Aliás, ele tomou o cuidado de deixar uma carta à sua enfermeira, prevenindo-a de que qualquer tentativa de reanimá-lo seria fadada ao fracasso.

Sophie Morgenstern tem sessenta e cinco anos. É uma francesa de origem judeu-polonesa. É pioneira da psicanálise para crianças. Não seria traí-la fazer dela uma sucessora de Anna Freud e a inspiradora de Françoise Dolto. Perdeu a filha Laure, uma brilhante egiptóloga, por complicações de uma cirurgia da vesícula biliar. Desde então, ela sobreviveu. Em 16 de junho de 1940, quando vê tremular a bandeira com a suástica sobre Paris, dá a morte a si mesma.

O senhor e a senhora Véry são burgueses de Vichy. Ele é comerciante e capitão da reserva. A polícia os encontra deitados em sua cama, asfixiados por gás. Ele usa seu uniforme de oficial. Uma carta de 19 de junho justifica seu gesto: o choque da derrocada, após a morte recente de sua filha, é mais do que eles podiam suportar.

De Thierry de Martel, o *Paris-Soir,* que o apresenta como a "glória cirúrgica francesa", diz que estava muito bem-vestido quando encontraram seu cadáver em casa, perto de um livro de Victor Hugo e de um tubo de fenobarbital.

De Sophie Morgenstern, a revista *L'Évolution psychiatrique* diz em comunicado oficial, assinado por um membro fundador da Sociedade Psicanalítica de Paris, que esta polonesa de origem, que nunca se refez da morte da filha, se apagou "silenciosa e serenamente"; o autor da nota liga sua morte à ausência de perspectiva profissional que acarretaria para ela a Ocupação. É tudo. Nem judia, nem suicida.

Quanto ao casal Véry, houve pouca repercussão, porque são pessoas como as outras.

Segundo as Informações Gerais, durante as quarenta e oito horas durante as quais a Wehrmacht se instala na capital, e o marechal Pétain solicita o armistício, uns quinze parisienses se matam. Menos de vinte pessoas em um milhão que não deixaram a capital.

Outros suicídios se seguem no curso do verão. Alemães e austríacos no exílio. Eles sabem o que os espera. Pneus de carro que rangem no cascalho, barulho de passos em rajada na escada, gritos nos vizinhos, bate-se à porta com insistência, uma vez, duas vezes, antes dos pontapés para arrombá-la. Todos conhecem a história de Egon Friedell, dramaturgo e historiador judeu, que se jogou da janela de seu apartamento, em Viena, em 1938, no mesmo instante em que a SA rufava à entrada.

A vida está em jogo desde a soleira da porta.

Mas e na França alemã? A mesma coisa. O romancista Ernst Weiss deixou Viena por Paris no momento do Anschluss. Aos cinquenta e cinco anos, já não tem condições de fugir. Sozinho no seu pequeno hotel de Vaugirard, ele se envenena e depois, no banheiro, corta as veias. Pouco depois, no campo de Milles, perto de Aix-en-Provence, Walter Hasenclever dá cabo de si mesmo aumentando a dose de Veronal. O matemático Wolfgang Döblin, filho do romancista, tinha ido a Paris para defender — brilhantemente — sua tese; ele se alista com o nome de soldado Vincent Doblin. Quando os alemães entram em Paris, ele se mata. No meio do verão é a vez do historiador de arte Carl Einstein: libertado do campo de Gurs, não encontra maneira de embarcar para os Estados Unidos; fora de questão para o antigo membro da coluna Durruti refugiar-se na Espanha de Franco. Seu grande amigo Kahnweiler teme que ele execute sua ameaça: "Se a Gestapo me perseguir, eu me atiro na água!" Depois de abrir as veias, ele se joga numa torrente de Pau.

A França os traiu: a convenção de armistício não lhes deixou nenhuma esperança. O artigo 19 suprime de fato o direito de asilo. Em 27 de agosto, a polícia francesa começa a liberar seus emigrados para a Gestapo. Alemães e austríacos, intelectuais na maioria, judeus mais frequentemente, antifascistas sempre. Mais quatro razões para serem torturados, fuzilados ou deportados. Um mês depois, Walter Benjamin, não podendo mais enganar sua angústia, tenta alcançar a Espanha, porta da América, atravessando os Pireneus a pé. "Numa situação sem saída, não tenho outra escolha além de acabar com tudo..." Assim começa sua última carta. Acuado, ele se suicida na cidade fronteiriça de Port-Bou. Uma forte dose de morfina o esperava no fundo de seu bolso.

Mas houve ainda Georges Basch, médico militar e filho de Victor Basch. O filho do rabino Zadoc Kahn também. Um pouco depois, em outubro, o escritor Moïse Twersky, um judeu da Ucrânia emigrado na França no começo do século, autor de sucesso, com André Billy, de uma trilogia romanesca lançada pela Plon. Alguns meses depois, Arthur Koestler dedica *Scum of the Earth* "à memória de [seus] confrades, escritores exilados da Alemanha que se suicidaram quando a França capitulou". Uma epístola dedicatória pode ter a grandeza de um livro. Um poema igualmente. Aquele que a "livre morte do exilado W.B." inspirou a seu amigo Brecht vale para tantos outros suicidas daquela origem, naquele instante, naquele país:

Eu percebo que levantaste a mão contra ti mesmo
Antecipando-se assim ao carrasco.

Após oito anos de exílio passados a observar o mundo do inimigo
Lançado no fim contra uma fronteira insuperável
Tu superaste, dizem, uma fronteira intransponível.

Impérios caem. Os chefes de facção
Mostram-se jogando com os homens do Estado. Os povos
Desaparecem, invisíveis sob os armamentos.

Assim, o porvir está na noite e as forças dos bons
São parcas. Tudo isso viveste
Quando destruíste teu corpo torturável.

Judeus, refugiados, deprimidos. O povo dos mortos voluntários na França do verão de 40. Mas não se conhece prefeito que se tenha suicidado. Salvo Moulin.

A Resistência não se escreve então com maiúscula. Ela nem se escreve. É preciso procurá-la no limbo, onde ainda se junta terrivelmente à nova ordem das coisas. Um manifesto atribuído a Henri Frenay, que reagrupa os primeiros resistentes no seio do Movimento de Libertação Nacional, fala de seu envolvimento apaixonado com a obra do marechal Pétain e as reformas que ele empreendeu. Encontra-se ali até o ar do tempo racial, até no recrutamento dos futuros combatentes do exército das sombras: "Todos os que sirvam nas nossas fileiras, como os que já se encontram lá, serão autênticos franceses. Os judeus servirão nas nossas fileiras se efetivamente tiverem combatido em uma das duas guerras."

Exumado por Daniel Cordier, este manifesto remonta segundo ele a novembro de 1940. Pétain já tinha apertado a mão de Hitler em Montoire sob a objetiva do fotógrafo.

Complicada, a guerra.

Começa-se a ter dificuldade para falar da primeira morte de Jean Moulin. Falar-se-á dela ainda por muito tempo. Há séculos que se julga a morte de Catão segundo o que se refere a Sêneca ou a Plutarco, a Montaigne ou a Hugo. Somente a maneira não está em questão: ele se precipita sobre a ponta de sua espada. Tudo está no grande livro de Maurice Pinguet, *A morte voluntária no Japão*. "Não há ato mais ambíguo que o suicídio, que parece sempre lançado como um enigma aos sobreviventes. Morrer de acidente ou de doença é simplesmente morrer, mas matar-se é fazer do silêncio da morte o eco do labirinto."

Santo Agostinho nunca está longe. Matar-se é ao mesmo tempo renunciar, contestar, denunciar.

O prefeito de Eure fez *seppuku*: ele rasgou a garganta, donde não devem sair as palavras do consentimento à desonra. O suicídio é a atitude mais fiel e mais razoável de um vencedor. Mas até onde um homem pode ir para conservar sua dignidade? Esta tentativa de suicídio não é menos o gesto fundador da ação do futuro resistente à frente do exército das sombras.

Perturbadora desproporção entre a razão na origem do gesto e a gravidade do gesto em si. Aquele que se joga contra a espada do infiel para não ter de se render tem secretamente uma parte ligada ao ideal cavalheiresco e ao sacrifício cristão. Concebe-se igualmente que oficiais da Legião Estrangeira se matem para não ter de se desonrar depositando suas armas aos pés do inimigo e tornando-se prisioneiros. Compreende-se que os cadetes de Saumur tenham uma resistência heroica contra a guarda alemã e que em Moncontour um pelotão de soldados prefira o extermínio à rendição. Admite-se que o homem, o cidadão tenha reagido, entre grandes funcionários do Estado, para se apresentar como voluntário para o combate.

Mas um prefeito?

O conjunto desse corpo dá provas de um comportamento honroso nesses dias de junho sem que sua honra se torne, porém, uma questão de vida ou morte. O serviço do Estado e a alta concepção que se faz do bem público não exigem tal sacrifício. A prefeitura não mantém relações privilegiadas com o sagrado, mesmo em tempos de guerra. Teria ele assinado o documento alemão que ninguém o teria recriminado. Ele mesmo não tinha prevenido sua mãe e irmã no *post-scriptum* de uma carta datada de 15 de junho? "Se os alemães, que são capazes de tudo, punham em minha boca coisas contrárias à honra, vocês já sabem que isso não é verdade." Como se pressentisse o que ia acontecer e procurasse se cobrir.

Porque ele se chama Jean Moulin e a História o fez cumprir seu destino de santo leigo, ninguém se perguntará se a honra administrativa exigia que ele se desfizesse de sua vida em caso de derrota. Como a de tantos outros heróis apesar deles, a tragédia de sua morte esclarece retroativamente as zonas de sombra de sua vida, os recantos de sua alma, seu enigma interior.

Primeiro combate está guardado nos escritórios da antiga Biblioteca Nacional, na rua Richelieu, em Paris. No primeiro andar, no alto da escada monumental, no departamento de manuscritos. A casa é discretamente acolhedora, mas o pesquisador, mesmo sendo frequentador assíduo, deve apresentar uma autorização. Cartão de leitor, justificativa da curiosidade, pedido dentro das regras. Frascos de tinta, garrafas d'água ou qualquer coisa assim são proibidos. Canetas, pouco toleradas. Lápis, recomendados. Estamos no templo do sensível absoluto, o dos documentos únicos, onde a menor inabilidade pode causar um dano irreparável.

Eu peguei uma pequena mesa perto da janela, atrás de um muro de fichários de madeira.

Um funcionário deposita os arquivos de *Primeiro combate*, depois de um conservador ter devidamente autorizado a consulta. Três cadernetas preenchidas verticalmente, na primavera de 1941, no momento em que Moulin está de férias na casa de sua família. Sua irmã fez uma cópia manuscrita. Quem não gosta de arquivo não conhecerá jamais a sensação inebriante do pesquisador no instante de tocar as folhas de papel com que sonhou. Aquelas cheiram à terra dos Alpilles onde Laure Moulin tinha enterrado os manuscritos a pedido do irmão.

A luz do dia já não é suficiente. Trazem-me uma lâmpada de Wood. Os especialistas em alta filatelia a utilizam pela capacidade de seu tubo de raios ultravioleta de visualizar os elementos fluorescentes dos selos. Nada melhor para reconhecer truques e falsificações. Tal não era minha intenção, mas a lâmpada vai me ajudar a distinguir melhor as grafias sob as diferentes tintas. Um verdadeiro revelador de palimpsesto.

No exame, nada coincide entre a cópia manuscrita que Laure Moulin fez das cadernetas do irmão e o livro tal como foi publicado depois da guerra. A começar pelo título: *Primeiro combate* se chama na verdade *Diário de bordo*. O título do manuscrito evoca a crônica dos eventos correntes, o título do livro o coloca de repente sob o signo do suicídio como protesto. Cada um leva o leitor por uma via diferente. Jean Moulin escolhe uma que se assemelha a ele, Laure Moulin outra, que se assemelha à época na qual ela o publica.

"Durante sete horas, fui torturado física e moralmente" (cópia manuscrita), "posto sob tortura" (livro, p. 107)

"eu acabarei assinando, a menos que?" (cópia manuscrita), "para assinar" (livro, p. 107)

"Só há duas saídas para esta lamentável situação: assinar ou desaparecer" (cópia manuscrita), "O dilema se impõe cada vez mais: assinar ou morrer..." (livro, p. 107)

"Quando a resolução é tomada, é simples executar os gestos necessários para fazer o que se crê ser seu dever" (cópia manuscrita), "os gestos necessários ao cumprimento do que se crê ser seu dever" (livro, p. 109)
"Meses se passaram sem que jamais um oficial alemão fizesse alusão à minha aventura" (cópia manuscrita), "à minha desventura" (livro, p. 113)

Sob a lupa, as correções da mão de Jean Moulin em seu próprio manuscrito não são menos edificantes:

impõe-se cada vez mais ~~ao meu espírito~~
"O dilema ~~é simples para mim~~: assinar ou morrer... Fugir?... ~~Para tentar, seria preciso que minhas forças o permitissem... E depois não seria fazer como os outros, como todos os que fugiram diante das responsabilidades, da fome e pois do perigo! Aliás~~, é impossível..."
"Eu não posso sancionar ~~a desonra,~~ esse ultraje ao exército francês, e desonrar a mim mesmo."
"... o chão. ~~Já que não tenho arma, é com isto que cortarei a garganta~~. Penso que eles podem..."

     ir fazer certa operação matinal
"... podemos ~~ir ao banheiro.~~"
"... eles se jogam sobre mim ~~e me batem a socos~~; muitas vezes seus punhos me batem na cabeça..."

"3 horas da manhã. ~~Les Boches~~ ~~Alemães~~ O inimigo não chega."

"... ~~meu verdugo...~~" o oficial

Em 14 de novembro de 1940, o prefeito deixa seu departamento. No último dia, uma pequena cerimônia em sua homenagem tem lugar na Feldkommandantur. Todo o mundo em posição de sentido. O major Ebmeier faz seu discurso:
"Eu o felicito pela energia com que defendeu os interesses de seus administrados e a honra de seu país..."
O ex-prefeito deixa Chartres, com uma falsa carteira de identidade no bolso e o cachecol em volta do pescoço. Em Londres, ainda o usará. Jacques Baumel afirma até que ele o usa com "um toque de diletantismo".

O médico, as irmãs enfermeiras de Saint-Paul, a zeladora da prefeitura, os empregados do Correio, o vigário-geral da diocese de Chartres, o conselheiro municipal, todos testemunharam o estado lamentável de Jean Moulin quando de seu retorno a seu seio. Mas ele só pôde relatar os minutos de seu face a face com os alemães naquele dia. Ele é a única testemunha, aquele mesmo que testemunha para a testemunha.

Primeiro combate será publicado em 1947 pelas Éditions de Minuit saídas da Resistência, precedido de um prefácio do general De Gaulle exaltando nesse não de junho de 1940 o primeiro ato de resistência do primeiro dos resistentes. O autor, o título, o editor, o prefaciador, tudo é perfeitamente coerente. Só falta a foto de Jean Moulin. A capa branca orlada de negro é puramente tipográfica, mas tem um cachecol para quem o queira ver.

Passa-se cerca de meio século. Em 17 de junho de 2005, numa sexta-feira, o ministro delegado para os Antigos Combatentes pronuncia a homenagem anual a Jean Moulin no Panthéon. Ele se inclina diante do primeiro combate daquele que preferiu cortar a garganta a desonrar sua função. Exalta-se o ideal republicano feito homem. Pede-se um pensamento a todos os franceses para "aquele que não falou", confundido no ímpeto comemorativo com aquele que não assinou.

Jean-Pierre Azéma está talvez na multidão. Ele é um dos mais confiáveis especialistas em Ocupação. Ele por muito tempo se diz "filho da guerra" para não ter de precisar que era filho de seu pai, colaborador exilado na América Latina. Seu cachecol nunca deixa seu pescoço, seja verão ou inverno, uma ponta na frente, outra atrás. É seu uniforme e seu *rosebud*. Interno durante a guerra, passou frio durante as intermináveis recreações. Desde então, guarda esta época enrolada em volta da garganta. O historiador de cachecol, filho de um soldado perdido da divisão SS Walonie, tornou-se um dos melhores biógrafos do resistente de cachecol.

Um suicídio encarna para sempre o destino de todos os suicidas da Resistência, e não o de Jean Moulin. Preso em março de 1944, identificado pouco depois, o adjunto do coronel Passy nos serviços de informações da França Livre se joga do quinto andar. Para não falar sob tortura. A cena se passa na Avenida Foch, em Paris, num dos edifícios da Gestapo. Ele sabe o que o espera:

morrer ou trair. Mais morrer. O silêncio é suicida para o supliciado. Tem-se o direito de dizer que seu caso de consciência não é o do prefeito de Chartres? Pierre Brossolette e Jean Moulin se tinham feito companheiros da Libertação na mesma cerimônia, em 17 de outubro.

O filósofo Michel Foucault sustenta que nosso olhar para uma obra é lampadóforo. Ele porta sozinho a luz. Uma iluminação vinda do exterior torna visível a imagem. Mesmo quando um vitral nos irradia. Olhar e aclarar é uma só coisa. *Olympia* não está nua senão para nós, nosso olhar a desnuda. Só ele põe um cachecol em Jean Moulin em cada uma de suas representações.

Seu secretário, Daniel Cordier, testemunha que no verão Moulin não usava cachecol. De longe a cicatriz se confunde com as rugas do pescoço. Talvez não de perto. No dia de 1943 em que, em Londres, quando de uma cerimônia oficial íntima na casa de Hampstead, o general De Gaulle o faz companheiro da Libertação, assim que ele levanta o rosto para ele, o coronel Passy percebe as marcas em seu pescoço.

Jean Moulin não sente vergonha disso. Somos nós que, hoje, sentimos vergonha por ele, nós que lhe pusemos um cachecol privilegiando esta foto em detrimento das outras.

Há numerosas imagens de Jean Moulin de antes da guerra em Saint-Tropez e nos Alpilles, em uniforme de sargento ou como jovem prefeito da França. Nos retratos Harcourt, ele se parece com Jean Jardin com seus traços finos e seus cabelos lisos, mas quem sabe hoje com quem se parecia Jean Jardin?

As imagens de Jean Moulin durante a Ocupação são raríssimas, e não sem motivo. A guerra da sombra não favorece a pose. Conhecem-se somente duas fotos tiradas no jardim da prefeitura no verão de 1940. Em uma, ele está sozinho, ereto, sorridente e à paisana. Na outra, tirada no mesmo dia, no mesmo lugar, com a mesma roupa, provavelmente num instante de intervalo, o coronel barão Von Gütlingen und von Schlepegnell, Feldkommandant da região, está ao seu lado. Em ambas, um fino lenço branco disfarça sua garganta.

Mesmo momento e mesmo lugar: uma foto oficial em que ele está vestido com sua roupa de prefeito. Apesar de que, na pressa, ele permaneceu com a calça do terno civil. Efeito cômico garantido, não tivessem sido as circunstâncias.

Duas outras ainda, as derradeiras. Uma em pé com a família, rodeado da irmã e das primas, na Páscoa de 1942. A outra, do começo desse mesmo ano: Jean Moulin em Megève, vestido, ao que parece, para esquiar. A imagem, de qualidade medíocre, está um pouco difusa: essa lembrança de esportes de inverno não combina com as verdades da lenda, nem com a ideia que se faz de um chefe do povo. Difícil mostrá-la sem procurar justificativas, pelo menos para dissipar o que esta situação pudesse ter de incongruente. Seria necessário explicar por que alguns dias antes o mesmo homem não estava com esquis, mas com um paraquedas, e que ele se arriscava como tantos outros a ser metralhado antes até de tocar a terra. Mas justificar é já desculpar-se, reconhecer erros, anunciar uma culpa, e não há por quê. Nada impede que, se uma imagem pode edificar uma lenda, outra possa danificá-la.

Permanece o ícone.

A foto emblemática da Resistência, em espírito como em ação, foi tirada por um amigo de infância, Marcel Bernard, perto do passeio do Peyrou, nos Arceaux, em Montpellier. De acordo com Laure Moulin, sua irmã, ela data de dezembro de 1940. Na verdade, é de outubro ou novembro de 1939. É pois totalmente anacrônica com relação ao unificador da Resistência, enquanto a foto de Megève não o é.

O positivo original, conservado no Museu Jean-Moulin, não é sépia, mas amarelado. Com enquadramento perfeito, em formato quadrangular ou na horizontal, esta imagem de um fim de semana em família revela um muro de pedra exposto ao sol, grandes árvores em segundo plano e uma perspectiva profunda. O olhar de Moulin é claro, sorridente, sereno. Ele olha para a direita, para o exterior. Seu cachecol o protege do frio.

A fotografia que serve de ícone da Resistência, ao contrário, foi tirada na vertical, de maneira a alongar a silhueta; é sombria, para acentuar o perigo da clandestinidade; tendo sido invertido o internegativo, Moulin olha para a esquerda, para o interior. Seu cachecol parece disfarçar uma cicatriz.

No entanto, é a mesma fotografia.

Nós entramos num tempo onde haverá cada vez menos pessoas que conheceram Jean Moulin. Os textos falam, mas não substituem a voz. Ela nos é necessária, para notar ali um pigarro bem particular, nascido atrás de uma cicatriz no curso do último verão da França de outro tempo.

Quando deixaremos, enfim, de pôr um cachecol nele?

6

Os sapatos novos de Mr. Owen

Quem não vivenciou o casamento de Sua Alteza real, o príncipe de Gales, e Lady Diana Spencer não sabe o que significa o prazer de viver na Inglaterra no final do século XX. A representação aconteceu na catedral de St. Paul em Londres, em 29 de julho de 1981, entre as onze horas e o meio-dia. Era uma quarta-feira banhada de sol e sorrisos. Ousaria admitir que estava lá e que nunca mais voltei? E quem diria que poderíamos encontrar lá a alma de um povo até em um par de sapatos...

Um ano antes do grande dia, eu havia ouvido que as credenciais seriam em breve recebidas no clube da Foreign Press Association em Londres. Logo cedo, entrei discretamente na fila da rua Carlton House Terrace, 11, a fim de registrar meu pedido em nome do *France-Soir*, o jornal que me empregava como repórter de pouco destaque em matérias estrangeiras. Doze meses depois, quando as redações parisienses solicitaram o envio de seus melhores repórteres, qual não foi sua decepção ao saber que não haveria naquele dia mais do que oitenta lugares na imprensa, já cedidos, e que os dois mil pedidos provenientes da mídia do mundo inteiro não poderiam ser atendidos. Sendo desta distinta elite, bastou que eu brandisse meu convite pessoal para ser enviado especialmente ao casamento real. E foi assim que obtive um pouco de consideração de meus superiores apesar da falta de aumento de salário.

Fiéis às instruções escritas no convite, estávamos todos na praça da catedral às 9 horas porque deveríamos imperiosamente estar sentados às 10 horas; está estabelecido, não pode ser de outra forma, a cerimônia estava prevista para as 11 horas e não se imagina que os cônjuges derrogariam a polidez dos reis, a menos que eles pegassem o metrô; mas os atrasos são lendários em razão da quantidade de folhas mortas sobre as estradas no outono e a deformação dos trilhos pelo calor do verão. Um infeliz precedente certamente incentiva a prudência: o duque de Wellington não chegou atrasado ao seu próprio funeral? A catedral está localizada sobre a colina, e o depósito da ilustre igreja carregado de troféus militares; lá tivemos de ver acontecer a dificuldade dos marinheiros do porto do Tâmisa para ajudar os cavalos a içar uma carruagem mortuária de quase 18 toneladas.

Com a pressa de *ladies* e *gentlemen* por todos os lados, eles pisam todo o terreno durante pouco mais de uma hora. Segurança e desejo de nada poder falhar. Isto poderia durar horas e ninguém faria nenhuma queixa. Isso não se faz, *Never explain never complain*, e não gritem "Reembolsem-nos!" uma vez que não se pagou nada. De qualquer forma, todos estão felizes por estarem ali, por estarem entre seus pares elegantemente vestidos. É como se fosse um concurso para a melhor série, mas o regulamento é delicado para as artes. Somente os oficiais em atividade têm o direito de carregar suas espadas, somente os homens uniformizados podem ostentar suas condecorações. Nenhum outro povo do mundo faz tal culto aos uniformes. É para acreditar que eles só inventam cerimônias para ter o pretexto de tirá-los de seus cabides e arejá-los um pouco. A propósito, nas fileiras, sente-se ainda o cheiro de naftalina.

Vestido e chapéu para as damas, fraque e calça listrada para os cavalheiros. Todos saídos do *Burke's Peerage*, o almanaque da aristocracia britânica. Em voz baixa, os colunistas já se deleitam: se eles sabem onde esses cavalheiros se formaram, sabem também seus defeitos; e ainda, se adivinham onde essas damas se vestiram, certamente não ignoram onde se despem.

Nós somos apenas dois vestidos como burgueses: terno azul-escuro, gravata da mesma tonalidade, camisa branca. Nesta agitação em câmera lenta, não se vê ninguém além de nós para, ainda que não rebeldes, macular a moda de vestimenta da cidade. Elevado a tal altura pela morbidez, o esnobismo atinge uma grandeza incompatível com os direitos humanos.

É conveniente lembrar neste momento da nossa história que *snob* vem de "s. nob" (*sine nobilitate*), que era como os professores da Inglaterra medieval escreviam para designar os raros estudantes desprovidos de nobreza; na verdade, esta explicação é tardiamente enxertada em outra, historicamente mais exata: *snob* designa com desprezo um sapateiro na gíria de Cambridge. O segredo da alma inglesa naquilo que ela tem de mais nobre está bem guardado num par de sapatos.

Aqui um esgar, ali uma reação de desprezo, acolá um rosto que se vira. Bem se vê que aos olhos da família de Charles a decadência teve início quando os *Edwardians* sucederam os *Victorians*, o que não poderia favorecer a ascensão dos *vulgarians*; é bem verdade que, roendo a corda, o futuro Eduardo VII não teria hesitado em ter um pequeno grupo de mulheres requintadas e novos-ricos bem menos maçantes que os da sua habitual sociedade de corte. A rainha Vitória, sua mãe, não ficou exatamente *amused*, ela que considerava a companhia dos plutocratas como uma traição de classe.

Resumindo, nesta atmosfera, um terno azul-escuro era suficiente para reconhecer o único semelhante, um certo David Owen. Apesar de que eu estou usando meu terno bar-mitzvá (não aquele que usei aos treze anos para a circunstância, mas aquele que reservei para este tipo de cerimônia), que me deixa elegante. Entretanto, na origem, ele não vem da capital, nem, melhor ainda, do campo (se não se é de uma família de raízes no condado de Gloucestershire há três gerações ao menos, é visto em certos lugares como uma variedade de paquistanês), nem da província: ele vem do subúrbio da província. Plympton, nos arredores de Plymouth. É que, mesmo que não *tenha nascido*, um inglês permanece superior ao resto da humanidade, segundo os ingleses. A distinção é tão sutil que se torna inefável. Basta poder reivindicar uma velha descendência, ter a posse de um corpo minimamente bem-dotado para o esporte ao ar livre e gozar de um espírito formado num desses colégios de onde saímos mais educados que instruídos.

Mr. Owen é um dos homens políticos mais sedutores do reino. Uma estrela cadente dos anos 70, promessa de um grande destino. Neurologista aos vinte e quatro anos, deputado aos vinte e oito, secretário de Estado e da Saúde aos trinta anos e ministro de Negócios Estrangeiros numa idade indecente para sê-lo. Impossível deixar escapar: fez história o fato de ele bater à porta do velho Labour seguido de três outros com quem acabara de fundar o partido social-democrata nas fontes batismais. Ele parece deixar de lado essa famosa arrogância com que se faz uma armadura assim que entramos muito jovens na política. Chamam-no cínico e dizem-no não verdadeiramente animado pelo ódio de si, ainda que a modéstia seja uma das virtudes principais das boas maneiras. Tão brilhante quanto corrosivo, não lhe faltam inimigos. Seu carisma não é menos notável. Uma atitude louca, a silhueta esbelta, *a touch of class* até na mecha rebelde, um charme poderoso, um sorriso irresistível. As covinhas de David Owen certamente não são estranhas à sorte eleitoral de seu jovem partido.

Mas eis que ele é pego de surpresa pelas relações parlamentares cuja paixão democrática não parece ser a maior preocupação. Então eu me dou conta de que ele calça os mesmos sapatos que eu, bem clássicos, é verdade: sapatos pretos de cadarço perfeitamente lustrados. Ele não parece à vontade, tanto que se move enquanto fala. Certamente oxfords com pequenos furos, comprados em uma butique da Jermyn Street, única rua de Londres em que os olhares dos comerciantes se dirigem para seus pés; inimaginável neste país que tal homem calce sapatos lisos como os de um empregado de ônibus.

Fundamentais os calçados. Aliás, depois que notei a dança de São Guido de Mr. Owen, observei esta sociedade de perto. Tantas mulheres julgam um homem por sua raça e pelo estado de seu calçado que espiar não é desnecessário. Certo relaxamento nos cuidados com a pele, os nós dados quatro vezes como o dos estudantes, um salto com defeito acusam o proprietário tanto quanto as unhas sujas. Essas coisas devem relevar velhos valores de casta.

Nesta sociedade, uma falta de bom gosto pode significar o fim da possibilidade de ascensão social. Não se usam sapatos marrons após o fim do dia. É um dos mandamentos secretos de qualquer gentleman: *No brown after six*.

De repente, eu me lembro de que no momento da nomeação de Mr. Owen no Foreign Office os jornais usaram uma audaciosa metáfora, escrevendo que ele iria usar sapatos da Palmerston, Salisbury e Eden. Como se o sapato representasse o homem, o que Buffon não desmentiu. Certamente são os jornalistas deste reino que distinguem, até nos seus excessos e nas suas tradições, o calçado do trabalhador e o do conservador. Mas que se dirá da moderação do calçado social-democrata, na sua busca de equilíbrio? Vendo-o assim vivaz, não imaginamos David Owen andando na "terceira via". Ele não usaria um Berlutti feito de orelha de elefantes, como chamam o couro raro. Seus sapatos nem sequer foram expostos na Feira Internacional do Couro e do Calçado do Royal Agricultural Hall em 5 de outubro de 1925. Bem clássicos, nada excêntricos. Se fosse ousado, eu me agacharia para verificar se os nós estavam bem apertados e benfeitos, enfileirados horizontalmente nos ilhoses, como convém aos sapatos pretos.

E então eis que ele volta até mim. Com uma careta, pede para apoiar-se em meus ombros, o que mostra a forte simpatia que minha pessoa inspira até para um inglês, pois este tem a imagem de ser particularmente rígido, e deixa que seus dedos sejam triturados no sapato. Até honrar-me com esta terrível confissão: "Eles estão acabando comigo. Eu os comprei ontem, somente para o casamento real e..."

Minha misericórdia está no mesmo nível de minha decepção. O que importa que essa notoriedade tenha procurado seu par de sapatos na loja John Lobb, ou que um vendedor com o uniforme branco da Tricker's os tenha especialmente preparado, tanto mais que ao refletirmos vemos que eles certamente vêm da Church; mas essa questão não será definitivamente esclarecida. A origem de meu desapontamento vai além. Como um homem assim experiente, tão acostumado com as cruéis provas da vida, pode cometer um erro assim?

Um autêntico gentleman nunca deve dar a impressão de estar usando o que ele acabou de comprar.

Não há brilho nisso.

De repente, um mito desmorona. Mr. Owen torna-se um homem como os outros. Um detalhe ínfimo, mas que classifica definitivamente uma personagem, ao menos neste país. Neste dia, aos meus olhos, toda a hierarquia das classes sociais sobre a qual repousa o espírito de um povo encontra refúgio num par de oxfords pretos do honorável Mr. Owen.

Uma multidão de elites se apressa no asfalto do pátio de St. Paul. Os convidados se acotovelam agora como VIPs num vernissage; e pensar que eles não têm a mínima ideia da medida da dimensão histórica deste dia. Eu os observo, eu os observo. A verdadeira diferença entre eles e Mr. Owen é que ele não teve um serviçal para amaciar seus calçados e levá-los para tirar o aspecto intolerável de novo. Como a catedral não é um salão, ele não corre risco; mas não esqueçamos que certamente alguns vão dividir a humanidade em duas somente pela observação de seus pés, chegando até a separar aqueles em que até as solas dos sapatos estejam mais engraxadas que as outras. Temos aí um paradoxo que os sofistas nunca chegaram a resolver: se a parte de cima do sapato estiver surrada, a parte de baixo não deve oferecer o espetáculo cinza e vulgar da rua.

Num mundo em que a pátina é uma mística, o brilho do novo é imperdoável.

A verdadeira elegância é impalpável e invisível: ela se torna inútil e vulgar se for reduzida à moda. Recolhendo-se ao fundo do inefável, ela escapa ao conhecimento. Neste absoluto, a *gentry* do campo deveria escolher as elegâncias, pois em nenhuma parte do campo podemos sentir-nos deliciosamente bem longe da moda e das vulgaridades que lhe fazem cortejo, da História em marcha, da modernidade e das mudanças. Se a durabilidade, a permanência e a atemporalidade fazem um país, é necessário procurá-lo no que está escondido por trás dele.

Faltará sempre um não sei quê de italiano para esses ingleses. No fundo, eu sei o quê: esta famosa *sprezzatura* tão bem mencionada por Castiglione em seu *Livro do cortesão*. Alguma coisa como a desenvoltura, que confina com uma sorte de graça natural quando todo traço de esforço ou de afetação é dissipado. Com o calçado, o fenômeno beira o mistério.

Manifestamente, os Windsor não convidaram seus empregados domésticos de longa data; neste país somente os burgueses, grandes e pequenos, para ter a delicadeza de convidar a governanta das crianças, a babá e a serviçal da casa para o casamento dos filhos da família. É uma pena, pois, para me manter em certos empregos domésticos herdados do século XVIII e continuar na ativa no Palácio de Buckingham, eu realmente teria gostado de trocar algumas impressões com os serviçais, do *Yeoman* lavador de pratos (ou, a rigor, o *Yeoman* dos copos e porcelanas) ao oficial do bastão que abre portas. Ele não será ninguém: o destino de um mordomo não é justamente parecer invisível?

Todo o mundo fica sentado cerca de uma hora antes do início do serviço, exceto os estrangeiros de categoria que devem naturalmente chegar com majestade. O espetáculo, pois é disto que se trata, é perfeitamente minucioso. Cada um veio para assistir a uma cerimônia que não acontece há muito tempo e que provavelmente não se repetirá. O velho mundo despede-se. Depois, será outra coisa.

As testemunhas dos noivos acomodam os convidados assim que eles penetram o pórtico da igreja. É uma honra ocupar esta função de conduzir os espectadores a seus lugares – nenhum cinema se vale disso. Além dos primos, os demais são com certeza colegas de escola. Compreende-se repentinamente a pertinência do ditado segundo o qual na Inglaterra nada é feito para as mulheres, nem os homens. Parece que, neste país, uma em cada duas pessoas é esquizofrênica. Na verdade, os rituais desta tribo são indecifráveis até para etnólogos.

Tendo penetrado entre os primeiros na nave, aproveitei para xeretar um pouco. Numerosos ingleses, que não mediam esforços para figurar na Lista de Honra da rainha, morreriam para ocupar o meu lugar. Ninguém sequer me notava, e é por isso que não lamento, pois nada é tão prazeroso como gozar do mais perfeito anonimato no meio de uma multidão de pessoas que se dizem as melhores do mundo, não é verdade? De qualquer forma, ficamos ao lado da nave principal: não se tratava de caminhar pelo tapete central escovado desde a aurora por mãos apressadas; estávamos no Palácio de Buckingham, onde as pessoas ocupam exclusivamente as longas margens dos corredores para não deixar marcas sobre o tapete; apesar de que, em St. Paul, *nós* somos os empregados.

Celebrar, chorar, comemorar. Certamente poderíamos falar da Inglaterra sem sequer deixar a catedral, o que não seria assim tão *cricket* no mesmo lugar de nossos maiores inimigos. Casamentos reais, funerais nacionais, cerimônias de ação de graças. A vida, de certo ponto de vista. Mas, mesmo deste ponto de vista, os casamentos reais frequentemente não atrapalharam o ofício: na última vez, há já cinco séculos, Arthur Tudor esposou Catarina de Aragão.

Construída em 604, destruída pelo fogo em 961, em brasas no grande incêndio de 1666, cercada mas não destruída nem pelas chamas de 1940, a catedral se mantém altiva. Não obstante, um dia uma tempestade pôde com sua flecha. Do tempo em que as chaminés das fábricas ainda forneciam para a cidade sua lendária névoa, percebe-se a cúpula fremir acima deste oceano de poluição. Ela conserva seu aspecto enegrecido, coisa sem importância para um edifício construído graças aos impostos sobre o carvão.

Ao honorável sir Christopher Wren, arquiteto de ambientes, não faltava senso de humor. Inscrito no seu túmulo, lê-se: "Leitor, se procuras um monumento, olha ao teu redor." Ao redor mas não além, o noivo não teria apreciado. Nunca se esqueça do arquiteto em Charles, que há tempos indignou a corporação dos construtores declarando na cátedra, uma mão colocada no púlpito, a outra negligentemente enfiada no bolso do casaco de lã, como de hábito: "Há uma diferença entre a Luftwaffe e nossos arquitetos de vanguarda: os dois destruíram Londres, mas ela, a Luftwaffe, teve o bom gosto de não reconstruí-la." Os interessados no seu conjunto, ao menos aqueles que não estavam sufocados, julgaram que Sua Alteza real apresentava ali uma visão do mundo ligeiramente pessimista. Nisso é que dá falar demais com as paredes. Na história sete vezes secular dos príncipes de Gales, ele foi o primeiro a tirar diploma de bacharel. Ele, que antes tentara estudar história e história da arte em Cambridge, deveria lembrar-se de que cada época tem os vândalos que merece.

Esperando pelos *royals*, os convidados, os verdadeiros, os grandes. Uma música específica anuncia sua chegada: primeiramente os prelúdios de Michael Tippett e de Benjamin Britten. Acreditávamos estar numa sessão plenária do Commonwealth.

Eles surgem de todos os lugares em seus belos atavios. Os ingleses também têm elegância nos seus eventos. Eles têm um dom natural para conferir certo mistério a tudo o que gira em torno deles. Mesmo seus imigrantes têm mais classe que os do restante da Europa, e seus pobres têm um ar menos miserável que os nossos. Entretanto, nenhum país pratica com tanta perseverança o culto das classes sociais. A Índia talvez, por meio do seu sistema de castas.

Upper class, middle class e *working class*. A grande burguesia, as classes médias e os operários. Três mundos que não correm o risco de se encontrarem, nem mesmo de se cruzarem e nem certamente de se falarem. Só há osmose quando os de baixo se colocam a serviço dos do alto; então assistimos a esse espetáculo insólito em que os mordomos se revelam ainda mais esnobes que seus senhores. Ser admitido nesse meio por seu olhar, assim como por um ligeiro movimento de queixo e uma ponta de desprezo no acento, significaria que não somos do mesmo mundo que Sua Senhoria o senhor conde, seu patrão. Fazendo-nos brutalmente lembrar de onde viemos, eles nos mandariam limpar as paredes. Um aristocrata teria mais tato.

Tudo isso se tornou normal com o tempo, e tão substancial na alma deste país que ninguém ousa qualificar este tipo de apartheid, até porque se trata de um tipo de desenvolvimento. Ele tira sua força e perenidade daquilo que não é institucionalizado, e nem sequer formulado. Quando o implícito é tão poderosamente enraizado numa cultura, não se imagina que o que quer que seja jamais o possa retirar.

A Inglaterra é um conservatório de salsichas, guarda-chuvas, eufemismos e classes sociais. Procuramos ainda o escritor inspirado que escreveu o *Guia chique da segregação,* para que possamos encontrar, nas complicações sutis, distinções entre *gentry* das cidades e *gentry* do campo. Pois não é suficiente saber que, se somos levados a falar de "grana" na cidade, no campo nunca se tratará de "dinheiro", se se der o caso: ainda é necessário poder deduzir disto uma mitologia. O ideal do *gentleman* talvez tenha conhecido muitas vicissitudes desde os romances da Távola Redonda, e sempre se lembrará o que ele deve ao modelo de excelência de Lancelot do Lago. Felizmente, ainda que sejam os últimos cavaleiros de um mundo desaparecido; ao mesmo tempo já apontam no horizonte os cavaleiros da nova *superclass,* esses *traders* que mantêm a discrição de um vício desde que se trate de exibir os lucros.

Visto do meu lugar no alto, boa parte desta assembleia dá a impressão de ignorar que o Império Britânico sobreviveu. Ao ver alguns cruzando as pernas com seus dedos distraídos, espera-se que um mordomo deslize pelos vãos para servi-los de uma xícara de chá, ícone absoluto de todas as Inglaterras. De repente, me lembro de Georges Perec, escritor hipermnésico, lembrando-se de que Battenberg era o sobrenome de lorde Mountbatten. E de Rivarol assegurando que os ingleses têm dois braços esquerdos – aliás, nunca entendi por quê.

Esse, tão magro e digno com sua roupa, deveria criar só para si uma terceira categoria entre os atletas e os estetas da época de seus estudos no berço de Oxbridge, algo como os ascetas. Mais ao longe, meu David Owen acaba de se sentar. Assim que cruza as pernas, parece-me que ele tem pés grandes. Depois que passou a ser ministro de Negócios Estrangeiros, ele calça 45, pelo menos. Faruk, o egípcio, estava errado quando previu que antes do fim do século só restariam cinco reis na Europa: os reis de copas, de espadas, de ouros, de paus e da Inglaterra. Seu tropismo de cassino deve tê-lo cegado. Crer-se-ia estar assistindo a uma manifestação dos monarcas. Indianos em jodhpurs, emires de turbante, africanos com túnicas, ex-reis sem coroa, cada um cumprindo seu papel. O *casting* é impecável. Sobretudo, após a cerimônia, não há que sem falta parabenizar o produtor do casamento.

Ex-votos e baixos-relevos enfeitam o Império e a morte em combate. Para mim, Gordon Pacha! Para mim, o almirante Nelson! Continue a cavalo, mas saia de seu túmulo, duque de Wellington! Uma simples placa no chão é bem mais tocante, uma que agradeça aos bombeiros ter protegido St. Paul durante a Segunda Guerra Mundial – mas uma bomba alemã não teve a mesma consideração com o salão da igreja vitoriana.

No Imperial War Museum, a homenagem gravada para os antigos combatentes diz tudo dos ingleses: "*Ordinary people, extraordinary times.*"

Para entender o eco longínquo de suas últimas palavras, seria suficiente colar o ouvido e escutar o espírito das pedras. É que o selo da catedral é famoso. Mais ainda que sua cripta, que é tida como a maior da Europa, é lendária sua galeria dos Murmúrios: os 259 degraus de acesso deixam ouvir no alto as menores palavras daqui de baixo. O gênio dos lugares seria incompleto sem os cochichos de St. Paul.

Tomo meu lugar na tribuna da imprensa estrangeira conhecida por "ultramarina". Experimento repentinamente a curiosa sensação de ser considerado um habitante dos territórios ultramarinos da França; é uma experiência daquelas que formam o caráter, como a de ser tratado como *continental* com uma ponta de desprezo pelo caixa da Church's em Burlington Arcade.

Ala nordeste, transepto sul, cadeira número 80.

As estratégias do protocolo nos colocaram exatamente atrás da família real. Na nossa frente, ou seja, atrás da família Spencer, colocaram-se os repórteres da imprensa inglesa. Oitenta de cada lado, perspectiva de uma bela briga... Os fotógrafos estavam longe do chão: colocados sobre estrados a dezenas de metros de altura.

Nada difícil de notar os repórteres republicanos entre nós: são aqueles que chamam o noivo de "Charles Windsor" com a mesma afetação de um francês de direita na mesma época com o presidente "Mitt'rand". De qualquer forma, neste dia e local, o presente se mostra de perfil e o passado de frente. Pela memória do capelão, a catedral nunca conheceu tal animação. Faz calor, muito calor. À falta de leque, a programação dos júbilos fará sua parte.

A entrada de cabeças coroadas sinaliza a iminência do acontecimento. Se o protocolo é uma ciência e o local uma arte, a etiqueta deve ser uma patologia na medida em que exacerba as suscetibilidades e favorece a paranoia. O rei da Noruega toma seu lugar em frente ao rei dos belgas. O príncipe da Noruega se instala em frente a Fabiola, esposa de Baudouin, rei dos belgas sentado em frente ao rei da Noruega. Por quê? Só Deus sabe, e o grande capelão, Ministro do Tribunal encarregado da programação das cerimônias. A princesa da Noruega senta-se em frente ao príncipe da Dinamarca, a rainha da Suécia em frente à rainha dos Países Baixos. Cancelando sua presença no último minuto, Juan Carlos, rei da Espanha, desistiu por causa da possibilidade de uma guerra naval pela salvação do Rochedo de Gibraltar: a falência da ciência protocolar. A catástrofe foi evitada justamente quando o príncipe Klaus dos Países Baixos convenientemente se colocou em frente a sir Maurice Heath, marechal da força aérea. O presidente Mitterrand está de terno e Nancy Reagan de rosa-claro, mas estes não estão face a face.

O rondó *Abdelazar*, de Purcell, anuncia a chegada da família. A família real naturalmente, os Windsor e os Kent, os Snowdon e os Ogilvy, os Phillips e os Gloucester. Ela é acolhida à porta da igreja pelo lorde prefeito da capital, armado com sua espada de madrepérola, da qual se livra a seguir (da família, não da espada), entregando-a nas mãos do deão de St. Paul, que os conduz sob o domo acompanhado do bispo de Londres e do arcebispo de Canterbury.

Um desfile vermelho e dourado precede e emoldura a procissão. São os *Beefeaters*, esses guardas cuja silhueta é reproduzida nas garrafas de gim de 40 graus de teor alcoólico: o equilíbrio de sua composição (gengibre selvagem, coentro, laranjas de Sevilha) é um segredo tão bem guardado quanto as joias da Coroa, que estão sob sua guarda mais ou menos há mil anos. Eles são seguidos pelos franco-intendentes, esses guarda-costas da rainha de uniforme vermelho e preto, lança em punho e plumas ao vento, uma aparência de aterrorizar os terroristas. Somerset Maugham diria que eles têm o olhar triste e solene dos ingleses que se divertem.

A assembleia levanta-se, senta-se, depois volta a se levantar e se sentar, às vezes atrasada, correndo o risco de produzir um efeito chaplinesco, cada um julgando seu mau jeito como culpa da impassibilidade dos *royals*: eles conhecem a música. E por isto: eles são profissionais. Exceto pelas roupas, pelo menos das damas. Mas isso passa. Em qualquer lugar, este oceano de musselinas em tom pastel seria taxado de exagerado mau gosto; mas, quando é restrito à cúpula, fala-se de *kitsch* superior elevado à categoria de uma das belas-artes. Visto em profundidade do alto de meu promontório, essa família faz realmente pensar num jardim inglês à espera de um assassinato. A floresta de chapéus oferece tal variedade de flores que até pensamos espontaneamente em aguá-las. Uma mulher do coral nos dissuade a tempo: "Olhem, lá estão eles!" Ela o deixa escapar como se desse um furo de reportagem, enquanto ouvimos o clamor da multidão. Seria suficiente, no entanto, levantar os olhos, uma vez que estávamos cercados pelos televisores, e reconhecer os trompetes de Purcell para descobri-lo.

A noiva, de braços com o pai, lorde Spencer, não passa de uma nuvem de seda marfim e rendas. Sua grinalda romântica se aproxima insensivelmente do tecido do altar. As gotas marfim e peroladas aos milhares, um pequeno nó em tafetá para fechar um decote em "V", uma cauda de 10 metros e a leveza feita mulher. Mas quem poderia deixar de notar neste instante a minúscula ferradura incrustada de diamantes costurada no interior do vestido? Charles, menos que os outros.

Lady Diana desliza com graça neste vasto teatro. Assim, a ela, e somente a ela, perdoaremos que seus calçados bordados em seda tenham brilho de novo: eles não devem ser reutilizados. Não são os calçados de um dia, mas de um instante. De qualquer forma, a patologia da pátina só atinge os *gentlemen*, que não são mulheres, como o próprio nome indica.

Para refletirmos, os calçados de *todos* os convidados se enquadram no espírito da cerimônia. Até os vegetarianos esquecem facilmente que o couro não passa de pele de um animal separada de sua carne antes de ser curtida e preparada. Tal violência não tem lugar aqui neste dia de paz.

Os ecos de júbilo nos alcançam enquanto a noiva chega ao cruzeiro do transepto. Poderosos trompetes, solenidade do órgão, ninguém pisca. O organista talvez, pois não deve tocar sem certa emoção uma passagem de Jeremiah Clarke, seu antecessor neste mesmo teclado há cerca de três séculos, antes de Haendel e Mendelsohn.

Quando os noivos ficam em frente a Robert Runcie, arcebispo de Canterbury e chefe espiritual da Igreja anglicana, a assembleia canta uma música de Purcell. No cortejo das damas de honra, noto uma que faz careta, India Hicks, treze anos, adolescente de Mountbatten e afilhada de Charles. Assim que a procissão se dispersa e que trazem um pequeno banco, ela tira os sapatos discretamente: Ivory fez para ela escarpins muito apertados! Decididamente, estava escrito que as paixões e as angústias deste dia histórico se refugiariam na lógica do calçado que causa contrariedade. Ao lado dela, Sarah Jane Gaselle, dez anos, se agita. Tanto uma como a outra usam o vestido da noiva em miniatura. Malícia no país das maravilhas! A cena desta pequena dupla de nuvens brancas chamaria a atenção, não fosse o gordo rei dos Tonga fazer um movimento com sua cadeira, exatamente em frente a elas.

Sir Thomas Beecham, no comando da Royal Philarmonic Orchestra, considerava inexato o julgamento segundo o qual os ingleses não apreciam a música: na verdade, dizia ele, talvez eles não a entendam, mas gostam muito do barulho que ela faz. O príncipe de Gales tem gosto por música clássica. Melhor, pois como futuro governador supremo da Igreja da Inglaterra ele não deixará de escutá-la.

A música se apaga diante do verbo, e é o deão de St. Paul que, primeiramente, pronuncia sua mensagem. Um discurso circunstancial mais ouvido que escutado, modelo do gênero que incomoda toda e qualquer festa, mas que tem a vantagem de ser breve e pronunciado em puro inglês clássico. Como é doce ouvir esta língua enunciada com majestade, em seu antigo esplendor. Doce e bastante raro até porque a música do shakespeariano é doravante coberta pelo barulho de fundo dos diálogos americanos e do idioma dos aeroportos. Trata-se do caráter sagrado do casamento, de Deus, do Cristo da Galileia, e se alguém entre os senhores for contra este casamento, que o diga agora; mas curiosamente ninguém se pronuncia.

Enfim o momento crucial. Por que olhar o relógio? Como se o minuto preciso tivesse também seu momento histórico. O arcebispo pede que jurem amor e fidelidade. *"I will."* Um imenso suspiro de sopro divino circula de uma parte a outra da igreja, e aproximamo-nos do ápice. Os dois parecem perturbados, enquanto nós estamos emocionados.

Apesar de tudo, esta união eu não a sinto. No entanto, ignoro tudo: nunca se sabe, como se poderia saber, aliás, de que são feitas as angústias obscuras de uma mulher, no árido tédio dos trabalhos e dos dias?

Suas vozes se enfraquecem assim que o ritual das alianças é anunciado. E no momento de repetir as palavras do primaz, eles cometem cada um seu erro. Lady Diana chama seu marido primeiramente de "Philip, Charles, Arthur, George". Não acreditamos que ela já pense em outro (não se esqueça de perguntar a todos os Philips de seu meio). Charles em seguida escamoteia uma palavra: "e eu divido com você tudo o que tenho...", enquanto na versão original seria: "... tudo o que tenho no mundo..." Não acreditamos que ele já pense em diminuir a extensão de sua generosidade (não se esqueça de perguntar sobre o estado de sua fortuna fora do reino).

Na verdade, um não sei quê faz com que eu não acredite neste casamento.

Ao escutar o eco de seus doces votos, não se pode imaginar que eles darão um dia ao mundo o espetáculo piedoso da guerra de Gales. Um novo *Morte na catedral* se encena em dupla exposição sob nossos olhos, mas T. S. Elliot não está lá para ver.

Na assistência, alguns ousam esboçar um sorriso de lesa-majestade, pois todos têm seu texto nas mãos; mas a gafe principesca só parecerá maliciosa para as pessoas intrigantes e às más-línguas. A bênção do reverendo Runcie faz com que se esqueçam desses dois episódios perturbadores, e todos retomam em coro os salmos transformados em música pelo nosso contemporâneo William Mathias.

Observo o príncipe. Desta vez, ele nem sequer pode brincar com seus botões como é seu costume. O uniforme o mantém rígido, e nem sequer pode pôr a mão no seu próprio bolso direito. Pobre Charles! É de bom-tom ridicularizar a aerodinâmica de seus pavilhões auriculares; é verdade que não são nem um pouco práticos, principalmente porque atrapalham no jogo de polo. A observação não é menos justa pelo fato de ela eclipsar o restante de sua anatomia, que redime largamente o volume das orelhas. Nascido para ser rei, preparado para reinar entre as pessoas, ele corre o risco de esperar por muito tempo ainda. Isso é o que dá ser vestido de maneira ridícula pela mãe eterna! Pior ainda do que por uma mãe judia... O futuro George VII (ele o prefere a um Charles III de mau agouro, não tendo os dois primeiros deixado boas lembranças) não deixou de pensar no precedente famoso de Eduardo VII, filho da infindável e incrível Vitória, que subiu ao trono numa idade em que um soberano só sonha com a aposentadoria. Na verdade, a magnificência de seu casamento quase conseguiria conferir ao príncipe Charles uma dimensão shakespeariana, empreitada que até sua mãe acredita fadada ao fracasso.

Com seu olhar de cocker deprimido, sua postura de impecável cavaleiro, seu misticismo de grandes espaços, seus talentos escondidos de aquarelista *postchurchillien*, seus estresses hípicos e suas faltas de jeito existenciais, este Windsor nunca foi compreendido.

O deputado George Thomas, porta-voz da Câmara dos Comuns, esquece por um instante as discussões políticas para ler uma passagem da Epístola de São Paulo aos Coríntios (I, 13), antes que os cantores do Coral Bach retomem a ladainha do arcebispo. Perto do fim, o príncipe Andrew, irmão mais novo do noivo, com uma mão sobre o cabo de sua espada (a história agitada dos Windsor no decorrer dos séculos convida à prudência), lê a programação com fluência. Imagem perfeita já capturada por um fotógrafo que, do alto de seu estrado, transmite também suas películas regiamente impressionantes acionando uma alavanca de maneira a fazer descer uma grande bolsa recolhida precipitadamente por um guarda que a leva rapidamente para um estafeta. Gostaríamos de esquecer o fato, mas não podemos: nossa intimidade está sendo dividida com 750 milhões de telespectadores monarquistas crentes, mas não praticantes.

Os guarda-costas da rainha abanam o penacho para que ele não absorva as gotas de suor que brotam de sua testa há uma hora já. Acontece que uma honra pode ser também uma dor.

Três homens de túnica pronunciam algumas palavras em intenção dos jovens noivos: o cardeal Basil Hume, arcebispo católico romano de Westminster, o reverendíssimo Doig, presidente da assembleia geral da Igreja da Escócia, e o reverendo Morris West, presidente do Conselho Federal das Igrejas Protestantes Não Conformistas. Depois eles começam a confabular com o reverendo Williams. O que dizem? Não nos interessa. Neste espetáculo, a imagem e o som dissolvem as palavras. Escutar se torna algo flutuante, as palavras sagradas se metamorfoseiam em músicas de palavras, ficamos com vontade de assoviar, mas isso será em outra vida.

Nem por um instante imaginamos subindo ao púlpito o padre da elegante paróquia do VII distrito de Paris, que sempre dizia: "Não se esqueçam de que Jesus Cristo não era somente o filho de Deus, mas era de uma excelente família também pelo lado da mãe!"

Acredito, porém, saber sobre o que eles falam: uma antiga piada de Emo Philips. Um homem se prepara para se jogar de uma ponte. Um passante o impede: "Não faça isso! – Ninguém me ama. – Deus te ama. Você acredita em Deus? – Sim. – Você é cristão ou judeu? – Cristão. – Eu também! Protestante ou católico? – Protestante. – Eu também! Que organização? – Batista. – Eu também. Conservador do Norte ou liberal do Norte? – Batista conservador do Norte. – Eu também! Batista conservador do Norte da região dos grandes lagos ou batista conservador do Norte da região Leste? – Batista conservador do Norte da região dos grandes lagos. – Eu também. Mas batista conservador do norte da região dos grandes lagos do Concílio de 1879 ou batista conservador do norte dos grandes lagos do Concílio de 1912? – Batista conservador do norte dos grandes lagos do Concílio de 1912." Então o passante grita "Morte ao herege!" e o empurra da ponte.

No entanto, eles não têm o ar de coleguismo de quem acabou de contar uma boa. Seja como for, para refletir, eles seriam capazes de fazer isso com grande espírito de seriedade e a máscara idônea. Será necessário pesquisar este ponto.

A bênção é dada alguns minutos antes de um magistral e poderoso *God Save The Queen* interpretado pelo Coral Bach e tocado pela orquestra da Ópera de Covent Garden e pela Orquestra Filarmônica. Então, o casal faz um movimento para assinar o registro real e o registro oficial sob os acordes da abertura do *Oratório* de Haendel.

Deve ter sido uma loucura na galeria dos Murmúrios, pois nunca uma voz subiu os degraus tão rapidamente assim, um timbre único aquele, inesquecível, da donzela de *Parsifal* e da condessa das *Bodas*, de Desdêmona e de Donna Elvira, de Violetta e de Pamina, do Marechal e de Margarida, a soprano neozelandesa Kiri Te Kanawa que evoca todos os seus papéis pela graça de sua interpretação da ária do *Sansão* de Haendel.

Já é hora de a cerimônia ser concluída, pois, dado o estado de liquefação adiantada de algumas eminências, a orquestra seria tentada a tocar a marcha fúnebre. Quando vemos as dificuldades que têm para se abaixar, não temos certeza se conseguirão levantar-se. O ritual é imutável há séculos, e sempre mostra pouca indulgência com a artrose. No Palácio de Buckingham, as pessoas do protocolo têm mais respeito. Eles têm o cuidado de sempre deixar anotada nas convocações de audiências reais uma discreta menção "Eu estou/eu não estou em condições de me ajoelhar (Riscar a menção inútil)".

A primeira marcha composta por sir Edward Elgar para o grande aparato de *Pomp and Circumstance* sinaliza o fim, imediatamente seguido da *Coroa imperial*, composta para a ocasião por William Wanton, enquanto Charles e Diana se dirigem para o pórtico da catedral para enfrentar a luz do reino e a felicidade de ser inglês.

As pesadas e imensas portas se abrem para deixar sair os noivos e seu cortejo. Uma cortina de claridade ofuscante penetra então a catedral. Lá fora, a multidão em delírio os aguarda. Parece que Andrew e Edward, os irmãos do noivo, amarraram latas de conserva na parte traseira da carruagem. Quando se dizia que os ingleses amam a música!

É realmente lindo, tudo simplesmente lindo. Mas se é assim para seu casamento, como será a coroação?

Seus 2.600 íntimos tentam acompanhar os passos dos noivos, no turbilhão da família real e das cabeças coroadas. Nós todos, não importa nossos títulos e guizos de vaidade, nossa ridícula força, nossa minúscula parcela de poder, durante uma hora fomos conduzidos como curiosos privilegiados. Estávamos ali para contar que um dia lá estivemos. Contudo, meu instinto de sobrevivência me impede de me misturar à pressa aristocrática, pois, para ser pisado por augustos calçados dos melhores fabricantes, não se é menos pisado ali.

De qualquer forma, não há nada que pague o espetáculo de desolação de um campo depois da batalha. Eles estão tão apressados para se juntar à histeria monarquista que a catedral fica rapidamente vazia. Enfim, chega o momento de sentir a presença divina, para receber o dom do perdão e da graça como o deão de St. Paul nos convida. Só agora noto no transepto norte que o personagem de Cristo no quadro de William Holman Hunt, *A luz do mundo*, bate a uma porta que só se abre por dentro; o Senhor não entra em nós sem que o convidemos; mais ao longe na galeria, sobre os mosaicos ao lado do coro, personagens parcialmente vestidos, o que é bem raro para os anglicanos. Pode-se espiar em vão o equivalente ao raio verde, aquele que pousa na cabeça do Cristo uma hora antes do verdadeiro meiodia pouco depois do equinócio da primavera; certamente vem do pé esquerdo de Judas, segunda janelinha do quarto vão entre vigas do trifório meridional da catedral de Strasbourg, bem longe de St. Paul. Se Deus está no detalhe, ainda é necessário fazer uma triagem numa insurreição de fragmentos. Na bendita devastação dos relevos da festa, eles nos mergulham na sua abundância, mas nos prostram por sua insignificância. Reter somente esse raio de sol que se insinua pelos vitrais para ficar sentado num banco.

O arcebispo de Canterbury está novamente vestido de púrpura. Suas vestes de gala são sabiamente colocadas em duas velhas malas que ele carrega debaixo dos braços, duas coisas gastas que um dia tiveram uma cor, mas que acabarão no Museu do Homem Anglicano. O primaz se pergunta como conseguirá um carro com toda aquela gente ali. Ele parece perdido.

Há mais de uma hora, vivíamos em algum lugar entre os séculos XVIII e XIX, enquanto lá fora o povo já estava a 19 anos do horizonte intransponível do ano 2000.

Alhures, esta cerimônia teria sido carnavalesca. Mas, quando o ridículo se inscreve na duração, relega a grandeza. Ficamos no sublime sem nunca escorrer para o pomposo. Falta pouco, mas os ingleses têm o talento de sempre não ultrapassar o limite, enquanto um povo latino o faria alegremente até às raias do mau gosto. Se a aristocracia é uma forma de superioridade, a aristocracia inglesa é uma forma de excentricidade. Isso lhe dá traquejo para este tipo de exercício em que é tão fácil escorregar do feérico para o falso.

O deslize é o segredo. A cerimônia realmente não teve notas falhas, à exceção, naturalmente, dos sapatos novos de Mr. Owen. Ninguém precisa rolá-los na poeira para dar séculos a ele.

A marcha solene ainda me assombra, tanto e tão bem que eu a assovio sem interrupção. Mas quem nesta multidão procuraria em meio à homenagem às famosas pompas de Edward Elgar dar uma olhadinha nos sapatos novos de Mr. Owen?

Aí está, acabou, para mim ao menos, porque não fui convidado para a *surprise-party*. Um esquecimento, certamente. De hoje em diante, Lady Diana Spencer divide com seu esposo os títulos de duque da Cornualha, conde de Chester, duque de Rothesay, conde de Carrick, barão de Renfrew, lorde das Ilhas e grande intendente da Escócia. Quando ele reinar, ela juntará, paralelamente, ao estado civil: rainha da Inglaterra, da Austrália, do Canadá, da Nova Zelândia, da Jamaica, das Bahamas, de Barbados, das Ilhas Fiji, de Granada, da Ilha Maurício, da Papua Nova Guiné, de Santa Lúcia, de São Vicente e Granadinas, das Ilhas Salomão e de Tuvalu. Nunca se esqueça da soberania sobre Tuvalu. Quem imaginaria então que num funesto dia de agosto de 2005 essas ilhas entrariam para a história como o primeiro Estado fadado a desaparecer por causa do aumento do nível dos oceanos?

De que adianta este cartão de visita de outro tempo em forma de folheto turístico se, aos olhos de seu povo, Diana já tem um nome que vale por todos os títulos de nobreza e de propriedade?

Tudo está guardado numa pequena bolsa. Um dia, farei uma obra de arte *by appointment to Her Majesty the Queen*, uma vaidade em que a meditação sobre o caráter efêmero dos bens terrestres levará a meditar sobre a morte; será carimbada com o selo real e constituída do programa das cerimônias, da credencial reservada à imprensa ultramarina, de meu lugar numerado indicado pelo grande camarista, da ordenança do serviço religioso, da lista protocolar, do meu lugar no estacionamento e de alguns escombros felizes da festa. Assim tantas relíquias reais conservadas como o santo sudário de Turim.

Nada além de vestígios de um dia.

Tomado de mau humor, eu certamente juntarei a isso um par de cadarços negros, bem como uma fotografia, a de uma inscrição grosseiramente pintada num muro, feita a algumas ruas dali: "UK DK" (pronuncie-se *youkay decay*) por "Decadência do Reino Unido".

Um ano após, em Londres, eu também me casei com uma inglesa, mas mais discretamente. Para o príncipe Charles e Lady Diana, as coisas não terminaram muito bem. Quanto a Mr. Owen, porém, ele se tornou lorde Owen.

7

Uma placa: rua dos Grands-Augustins

Não se detém Voltaire, mas pode-se expulsar Picasso. A cena se desenrola nas últimas semanas de 1966. Sua obra é celebrada numa retrospectiva no Grand Palais. É inverno, ele tem oitenta e cinco anos, e isso não se faz, expulsar as pessoas no inverno. É até proibido. O mundo abriria suas portas para ele, se soubesse. A Câmara dos Oficiais de Justiça, proprietária do imóvel de número 5 da rua dos Grands-Augustins, no sexto distrito de Paris, onde Picasso instalou seu ateliê há cerca de trinta anos, fecha porém suas portas para ele.

Numa placa fixada na fachada, pode-se ler hoje:

Pablo PICASSO
viveu neste imóvel de 1936 a 1955
Foi neste ateliê que pintou
"GUERNICA" em 1937
É aqui igualmente que BALZAC
Situa a ação de sua novela
"A obra-prima desconhecida"

O itinerário de Poussin a Picasso passa por Balzac. Ou mais precisamente: o itinerário que faz Nicolas Poussin e Pablo Picasso juntarem-se na rua dos Grands-Augustins passa por Balzac, que, na sua novela, põe em cena o primeiro, lá onde o segundo se instalou. A placa perpetua o mito no mármore. A lenda caminha de modo que nem os heróis nem seus cronistas desmentem. Do alto de suas paredes, duas obras-primas contemplam vocês. Este ateliê é o lugar desconhecido onde *A obra-prima desconhecida* e *Guernica* se interpenetram. Uma desconhecida, outra conhecida demais. Um encontro inverossímil entre o imaginário e o real que resulta do acaso, do mistério. Um surrealista falará, mais exatamente, de acaso objetivo. Segundo se divinize a pintura até tornar-se um religionário da arte, querer-se-á descobrir ali a sombra da graça. Eu procurei bastante bem *in loco* e, no entanto, não encontrei nenhum halo. A busca do absoluto não deixa provas de sua passagem. Eu apenas apontei as impressões digitais do gênio dos lugares.

Balzac primeiro. Sua novela foi publicada durante o verão de 1831 na revista *L'Artiste*. Pelo seu aparecimento em livraria, será datado de fevereiro de 1832. Naquele mês, no dia 23 exatamente, uma gravura publicada em *La Caricature* rende seis meses de prisão para Daumier; Louis-Philippe despontava atrás de seu Gargântua.

A portas fechadas, reúnem-se três personagens no ateliê do número 7 da rua dos Grands-Augustins enquanto se acaba o ano de 1612. Nós estamos na casa do pintor Porbus, retratista flamengo que deixou o serviço de Maria de Médicis para servir a Luís XIII; seu jovem confrade Nicolas Poussin, que ainda não é o grande Poussin, e o velho mestre Frenhofer, um adepto do estilo veneziano luminoso e colorido, vieram visitá-lo. Eles comungam a admiração de um quadro de Porbus intitulado *Maria egípcia*. Mas o demônio do inacabamento corrói Frenhofer, que se mune de pincéis e pretende terminar a obra de Porbus, ainda que sua própria obra-prima, *A bela intrigante*, que ninguém nunca viu, não está acabada. Durante dez anos ele se obstina, mas a busca da perfeição requer pelo menos uma vida. Falta-lhe uma musa, uma modelo, uma mulher. Poussin lhe propõe então Gilette, a suntuosa criatura pela qual ele está apaixonado. Sua presença desnudada, crê ele, permitirá a Frenhofer acabar o inacabável. Mas, a partir do momento em que toca o dedo na inacessível estrela, Frenhofer hesita num para-além da razão e se perde. Quando ele revela o resultado aos amigos vindos, por sua vez, para visitá-lo, eles ficam perplexos: de um caos de cores e de uma desordem de imagens só surge uma delicada ponta de pé nu, único elemento reconhecível numa confusão de formas informes. O velho mestre não sobreviverá à sua decepção. Ele se apaga no incêndio voluntário de suas telas.

Dali até descobrir o catecismo estético do escritor, não é mais que um passo, alegremente franqueado notadamente por uma tese que leva a melhor. Procurou-se identificar todos os pintores que o autor tinha projetado atrás de Frenhofer, antes de lembrar que um escritor é antes de tudo um artista e de se resolver que Balzac foi um. Ele é aquele que admite pedir palavras ao silêncio e ideias à noite. Ele é aquele que retoca o grande quadro da comédia humana até que a perspectiva do caos detenha seu braço.

Em seu tempo, um romancista escreve frequentemente com um quadro na mente, o qual conta uma história. Um místico se superpõe ao estereótipo do artista romântico. A novela de Balzac é lida em seu tempo como um conto filosófico. Depois como um estudo filosófico. Os comparatistas dizem hoje que ele toma sua acuidade crítica do Diderot dos *Salões*. No começo, crê-se estar num conto fantástico de Hoffmann. Depois, ao longo de todo o texto, insinua-se a sombra de Poussin, sempre mais enigmática. Uma sombra que chama outra, a de Delacroix, que recebeu a dedicatória de *A menina dos olhos de ouro*, de Balzac. Não obstante, no seu *Diário,* o pintor não sopra uma palavra sobre a *Obra-prima desconhecida.*

Em homenagem ao centenário da novela de Balzac, Ambroise Vollard imagina, no começo dos anos 1930, uma edição impressa de trezentos e cinco exemplares para aficionados por livros. Ele sonha com Picasso para as gravuras. Não se sabe mais nada a respeito. Uma coisa é certa, entretanto: as ilustrações têm de original o fato de não ilustrarem o texto. Melhor ainda: o movimento profundo desta novidade se reflete secretamente em outras obras de Picasso bem mais que nas suas treze gravuras e sessenta e sete desenhos gravados em madeira. Grande número deles precede o pedido em muitos anos. Heteróclitos por definição, já que são tomados de cadernetas heterogêneas, naturezas-mortas em hachuras fortemente contrastadas, sequências coreográficas de linhas e pontos, grupos de personagens. Será que Picasso leu *A obra-prima desconhecida?* No fundo, que importa isto, se se trata de um prolongamento instintivo?

Picasso foi o primeiro a convir que ele nunca ilustrou nada. Ele faz o que tem de fazer como sempre fez. O encontro com o texto é trabalho de editor, no sentido de aproximador de homens e ideias. O editor é aquele que faz com que se encontrem criadores que talvez nunca tivessem podido falar-se sem ele. Um verdadeiro mediador.

Exatamente o que acontece com Vollard: o marchand possui gravuras de Picasso, Cendrars lhe sugere embalá-las junto com a novela de Balzac, o livro raro está feito. Quem ousaria ainda falar de ilustração de um para o outro? Os adeptos do eixo Balzac-Cézanne-Picasso, tendo tido o primeiro a intuição teórica das convicções estéticas do segundo levadas a termo pelo terceiro. Ir-se-á até deduzir disso um parentesco entre Frenhofer e Picasso tanto na sensualidade, na arte do retoque após o primeiro traço, no gênio na última pincelada quanto na loucura do ato criador – e o fato de que Cézanne se tenha reconhecido na pessoa de Frenhofer não é de estranhar. Os caminhos da história da arte são às vezes impenetráveis. Tal nível de solicitação dos textos, do que está escrito e do que poderia estar, do que está desenhado e do que foi efetivamente pintado, realmente eleva a neurose da interpretação à categoria de uma das belas-artes. Raramente um encontro virtual terá dado asas aos especialistas para tantas especulações delirantes como nesta conversa silenciosa entre Balzac e Picasso. Dois fenômenos em que tudo é monstruoso.

A lenda exige que eles se juntem, estando pressuposto que atrás de Balzac aponta naturalmente a sombra familiar do mestre Frenhofer. Graças ao engenhoso Vollard, eles irão pois de braços dados para a eternidade. Nos primeiros anos do século XXI, o exemplar número 275 de um livro raro desde seu nascimento, um dos duzentos e quarenta em papel de Rives, enriquecido com desenhos originais de Picasso a creions coloridos em quase todas as páginas, encadernado por Creuzevault em marroquim negro, mosaico de bezerro negro, cinza e creme e jogo de linhas estampadas a frio, é posto à venda. Poder-se-ia crer numa iluminura medieval dos tempos modernos. Era o exemplar de Paul Eluard. Uma verdadeira afeição liga o poeta ao pintor. Na dedicatória, a mão de Picasso escreveu na folha de rosto: "Para você, meu caro amigo Paul Eluard", e no verso: "Para o Senhor Paul Eluard, o Amigo de Picasso, H. de B." Ela assinala uma perturbadora identificação. No catálogo do avaliador oficial, a nota precisa que "a ação desta novela de Balzac transcorre no mesmo lugar em que Picasso viveu durante a guerra e decorou este exemplar: o ateliê do número 7 da rua dos Grands-Augustins". A nota do especialista se intitula "Picasso atormentado por Balzac". Valor estimado: entre 600 mil e 900 mil euros.

Estamos em meados dos anos 1930. O ateliê da rua La Boétie, onde Picasso se instalou, é pequeno demais. Dora Maar se encarrega de encontrar outra coisa no Quartier latin onde ela vive, o mais perto possível de sua casa, na rua de Savoie. Fala-se de um lugar na rua dos Grands-Augustins. Aquele que Georges Bataille utilizou para reuniões de seu grupo Contra-Ataque. O mesmo que Jean-Louis Barrault ocupou para seus ensaios de teatro do grupo Octobre, depois de ter feito trabalhar ali sua primeira trupe, a Compagnie du grenier des augustins. Antes deles, ali tinha estado o ateliê de um tecelão. O antigo hotel de Savoie-

Carignan se banha ainda em seu ambiente seiscentista, um curso pavimentado, o rio no canto da rua. Uma fotografia de Eugène Atget de cerca de 1900 revela a presença na entrada do número 7 das "Edições e livrarias da faculdade de teologia Roger Chernovitz" à esquerda, e de "Centralização de obras. Livros por atacado" à direita.

Picasso é imediatamente conquistado. O lugar tem um não sei quê do Bateau-Lavoir, mais amplo. Poucos biógrafos se aventuram a imaginar que o pintor e sua companheira se tenham aproximado de Balzac. Um deles até julga ver ali "um sinal do destino". Nenhuma alusão, porém, nas cartas, lembranças, arquivos, entrevistas de Picasso. Nem sequer *a posteriori*. Em 1937, o número 7 da rua dos Grands-Augustins é para ele o "sótão de Barrault", após ter sido para ela o "local de Bataille", e antes de se tornar o "ateliê de Picasso". O casal ignora tudo sobre o passado da antiga residência dos duques de Saboia.

Numa porta, no segundo andar, está fixada a placa do Grupamento dos Oficiais de Justiça do Sena. Seria um bom sinal se eles não fossem justamente proprietários do hotel desde 1905. Morar em cima de seu proprietário é algo muito desaconselhável. Picasso vive dois andares acima. Ele é desconhecido dos registros judiciais. Mas às vezes vale para um homem o que vale para uma obra de arte: "desconhecido" pode acabar por se transformar em "não identificável".

"É aqui." Picasso pregou com percevejos um pedaço de papel na porta, dirigido àqueles a quem o ambiente assusta. Atrás da porta, o ateliê se impõe imediatamente como as grandes personagens. Ele emite uma atmosfera de castelo mal-assombrado.

Uma teoria de cômodos, recantos, corredores, escadas organizados por um arquiteto em estado de embriaguez. A menos que esta visão provenha do que cada época ali deixou sucessivamente em depósito. O visitante chega por caminhos em caracol. Um aquecedor de guerra salta aos olhos. Há um semelhante em cada cômodo do hotel. É rematado por um estranho sistema de recuperação de calor. Amplos e altos, os cômodos são difíceis de aquecer. Em contrapartida, a luz natural é bem acolhedora. Uma minuciosa desordem reina em todas as partes. É preciso levantar os olhos para o teto para encontrar ali linhas mais ou menos retas de traves aparentes que se encontrarão em numerosos quadros dos anos 1940. Nesta estratégia de amontoamento, distinguem-se telas, jornais, tubos, livros, violões, pincéis, fotos, bandolins, roupas, paletas, calçados, esculturas de todos os materiais e objetos sem nome. Certa ordem revela que alguns cantos são subtraídos ao trabalho criador. Picasso guarda tudo, absolutamente tudo. Picasso é o maior colecionador de Picasso.

Na primeira vez em que Picasso recebe Françoise Gilot no ateliê, numa manhã de maio de 1943, ele o mostra a esta colega de vinte e um anos e depois lhe anuncia altivamente: "A escada que você pegou para vir até aqui é a que o jovem pintor da *Obra-prima desconhecida* de Balzac subiu para vir ver o velho Porbus, o amigo de Poussin, que pintava telas que se tornaram indecifráveis à força de trabalho..."

Outro dia na Califórnia, em 1957, ele confidencia a seu marchand Daniel-Henry Kahnweiler: "O que há de extraordinário neste Frenhofer da *Obra-prima desconhecida* de Balzac é que no fim ninguém vê nada, salvo ele. Por procurar a realidade, ele chega às trevas negras. Há tantas realidades que na tentativa de torná-las visíveis se acaba no escuro. É por isso que, quando se faz um retrato, há um momento em que é preciso deter-se numa espécie de caricatura. Senão, no final, não haveria mais nada."

A obra-prima é a prova tangível da possibilidade de um absoluto na arte. Seu fantasma obseda séculos de criação, e sua lenda sustenta a mais fecunda das utopias. O mito da obra-prima absoluta sobrevive a gerações de artistas, apesar de se contentar em encarnar uma busca sem fim, mas desaba pesadamente assim que aponta a absurda ideia de perfeição atrás do ideal.

A obra-prima do tempo de Picasso não é a obra-prima do tempo de Balzac. No espírito moderno, ela supõe uma correspondência entre o desejo do artista e o gosto do público. Alguma coisa da ordem de uma íntima conivência chamada a tornar-se uma coincidência histórica.

Apesar dos esforços dos biógrafos, nada: nem o menor traço de reminiscência balzaquiana nos escritos de Picasso. Oralmente, é um pouco diferente. Quando de seus famosos colóquios com o pintor, Brassaï lhe diz emocionado e estimulado ser o sucessor de Frenhofer entre suas paredes. Ele sustenta igualmente que Jean-Louis Barrault tinha assinalado antes de todos o lugar a Picasso. Mas Brassaï escreve de maneira vaga.

Chama-se a isso o gênio dos lugares: o parque no coração da planície Monceau age sobre mim como um amante. Nunca habitei lá, mas lá vivi por muito tempo. Por que falar do passado? Esse momento magnético dura desde a adolescência. Dos meus dois anos passados no caminho privado da avenida Van-Dyck só me restam minhas permanências errantes no parque. Uma lembrança de despreocupação, de leveza e de pureza. A pesquisa inicial da minha primeira biografia me leva ao início dos anos 1980.

Marcel Dassault, nascido Bloch por um lado e Allatini por outro, também foi criança. Sua mãe o mandava brincar aos sábados com os primos Camondo da planície Monceau. Não no tanque de areia do passeio central, nem na pista de patinação, nem no carrossel ou nos balanços perto do coreto neoclássico cercado por um conjunto de colunas onde reina mais de uma estátua. Os primos têm seu parque dentro do parque. Grades o protegem. Esta curiosidade pelo imaginário do grande aviador me faz empurrar pela primeira vez as portas do Museu Nissim de Camondo no número 63 da rua de Monceau. O lugar é impressionante pela solidão, sombrio, um nada lúgubre. Ele está em seu meio, ou seja, em sua poeira. A parte arcaica da personagem de Marcel Dassault, que me escapava até então, surge pela melancolia desta Atlântida sefardi engolida nas raias do parque.

Meus passos me levam muitos anos depois à rua de Monceau. Um imóvel impessoal abriga a galeria Louise Leiris no número 47. Por muito tempo, amadores e colecionadores voltaram ali dizendo que iam "à casa de Kahnweiler". Na casa dela, dele, dá tudo no mesmo. Eu passarei ali alguns anos preparando a biografia do marchand de cubistas numa liberdade absoluta, apesar da infinita discrição de seus responsáveis. Eu podia dizer tudo.

Menos uma coisa, que não podia dizer senão após a morte de todos. O segredo de família: Louise Leiris não era cunhada de Daniel Kahnweiler, mas filha natural de sua mulher, quando ele a encontrou há quase um século. Quando esbarrei nesta contradição nos arquivos do estado civil, os colaboradores da galeria me deixaram a sós com minha consciência. Ia eu causar-lhes uma grande mágoa revelando esta ínfima verdade? Optei por mentir dando crédito à verdade oficial. Nenhum arrependimento. Todas as vezes que retorno à galeria para uma exposição, se a porta do grande cômodo está entreaberta, aquele no qual as escrivaninhas de Louise Leiris e Daniel Kahnweiler estavam em frente uma da outra, penso de novo nela, sentada numa cadeira ao meu lado, dama esgotada de dias e de grande beleza interior, sonhando com a bastarda que ela foi e respondendo à questão com um sorriso e um olhar mudos.

Os anos passam ainda, e eu volto a esta rua de Monceau, alguns números acima, para um jantar oferecido por um mecenas no jardim do hotel Camondo; a *soirée* é em homenagem ao meu amigo Maurice Lever pela sua edição da *Viagem à Itália* do Marquês de Sade, e à exposição de desenhos que a acompanha nas dependências. Por que me eclipso entre dois discursos? Algo me faz deixar a festa, subir os degraus do hotel deserto, assombrado pelos seus fantasmas, até o alto. E lá sou bruscamente posto diante da árvore genealógica desta família de que ignoro tudo. O itinerário de Constantinopla a Auschwitz passando pela rua de Monceau. Meu amigo me encontra em minha volta ao jardim. Ele me acha estranho. Eu estou simplesmente emocionado, e animado por uma certeza: amanhã, entro nesta família que já não existe.

Desde então, este canto da planície Monceau habita em mim definitivamente. É lá que se tem mais chance de me encontrar ausente.

Quando nossos passos nos levam, certos lugares falam conosco. Ainda nos é preciso reconhecer-lhe a voz. Que já saibamos o que têm para nos dizer.

Pode-se andar pela rua Bonaparte sem ouvir nada. Pode-se recordar também que Manet morava no número 5 quando a rua ainda era chamada de Petits-Augustins, que ele ainda vivia equidistantemente da Escola de Belas-Artes e do Instituto, onde começou uma carreira de pintor e onde ela terminou, precisamente o lugar de onde ele não saiu e onde não entrou.

Faz-se aguardar e ansiar o historiador de arte ou biógrafo que saiba dizer-nos com certeza se a *Quinta del sordo* se chamava então a Casa do Surdo quando Goya, que já não ouvia, a comprou para ali passar seus últimos anos no silêncio de suas próprias trevas.

Durante os dois anos de seu mandato parisiense, Carlos Fuentes não chega a escrever a menor linha em sua residência de embaixador do México. Ele se demite para escrever enfim e aluga uma casa para isso nas cercanias de Paris. Logo a mão com a caneta se põe em ação. Seu gosto pelas formas lhe volta, mas o terror advém e o paralisa. A casa era mal-assombrada: era a de Gustave Doré. Não é necessário procurar alhures a tonalidade particular de seu romance *Uma família distante,* todo impregnado das ilustrações de *Chapeuzinho Vermelho* pelo mestre da gravura.

Hotéis, bistrôs, restaurantes, bibliotecas, metrô, ônibus, casa... Eu escrevi *Lutetia* em todas as partes, menos no Lutetia, onde jamais consegui traçar duas linhas. Chama-se a isso o gênio dos lugares, para dizer que não se sabe como chamá-lo.

Picasso, enfim. Mais de mil e quinhentos mortos, cerca de oitocentos feridos. Mulheres, crianças, velhos atingidos num dia de mercado, em 26 de abril de 1937. Uma série de bombardeios aéreos, Guernica em cinzas e pó em algumas horas. Neste lugar exato da terra basca, a aviação alemã fez de uma cidade uma cicatriz. Dia virá em que se verá aí o verdadeiro início da Segunda Guerra Mundial.

Picasso prometeu aos seus amigos do governo republicano: ele mandaria uma pintura mural para o pavilhão da Espanha na Exposição Internacional de 1937.

Guernica se impõe a ele. Oito metros de largura, três metros e meio de altura. É preciso incliná-lo um pouco para que possa entrar no ateliê. As dimensões deste quadro, que ele vai batizar *Guernica,* simplesmente, são impressionantes. Apesar disso, não é uma pintura monumental, aquela que assim se chama a partir do momento em que o pintor sobe num banco; *Guernica* é um monumento em si.

A condição de obra de encomenda quadra mal com a ideia que se faz da noção de obra-prima. Assim esta obra-prima quadra mal com a noção de obra de encomenda. Uma obra de propaganda, então? Tão enternecedor que leva quem quer que seja a se envolver: *Guernica* é verdadeiramente um quadro para chorar.

Picasso não sabe o que fez: uma obra-prima. Mas seu instinto o move a arquivar cuidadosamente para a posteridade todas as fases da produção do quadro: esboços, croquis, fotografias...

No início do século XXI, *Guernica* está ameaçado de morte por ter-se movido em demasia. Viajou tanto até os anos 1960 que se deteriorou. Sua fragilidade proíbe doravante qualquer manipulação. O conselho de administração do museu da Rainha Sofia não a deixa mais sair de Madri. Nem sequer para voltar à terra basca no dia do septuagésimo aniversário do bombardeio de Guernica.

Um excesso de pujança criativa pode matar uma obra.

Picasso tem mais de oitenta anos. Ele não mora em Paris há anos. É menos visto que antes "nos Grands-Augustins", assim como os gidianos teriam dito "no Vaneau". No número 25, Le Catalan, esse restaurante que ele frequentava, como Eluard, Leiris, Auric, Desnos, Beaudin, Thirion, Hugnet, Valéry, Balthus, é apenas uma reminiscência de uma época que se foi. Apesar disso, ele não deixa o ateliê onde pintou sua obra-prima. Até proíbe que seja limpo, como todos os seus outros ateliês. A poeira protege.

Um dia, por ocasião da renegociação de seu aluguel, os proprietários advertem Picasso de que vão reavaliá-lo, medida urgente porque já desde certo tempo ele está abaixo do valor de mercado. O *entourage* do pintor se inquieta com isso. Seu advogado, M. Bacqué de Sariac, encarrega-se de tudo. Mas há somente uma alternativa: aceitar o aumento de aluguel ou deixar o lugar. As personagens extraordinárias também são confrontadas com problemas ordinários. Picasso está louco de raiva diante da ideia de ser tirado de um lugar que está na carne de sua obra.

E ele não quer pagar mais por um lugar que já não lhe é realmente necessário senão no plano simbólico. A questão vai parar no gabinete do ministro da Cultura. Malraux não pode fazer nada: o Estado não foi fundado para intervir numa questão de ordem privada. Direto demais. Tentam-se outros caminhos. Todas as tentativas fracassam. A disputa ameaça estampar-se nos jornais. Picasso desiste e muda seu ateliê para sua propriedade de Vauvenargues adquirida alguns anos antes.

Só mais um detalhe: nos anos 1815-1816, Balzac foi pensionista no número 5 da rua de Thorigny, no Instituto Ganser, situado no hotel Salé, destinado a se tornar um dia o Museu Picasso. Sabe-se que não há sentido mais nômade que o da vista. Quanto mais se concentra nas imagens isoladas de uma vida, mais o olhar se arrisca a degradar a unidade do todo. Baudelaire já havia apontado o perigo de "um motim dos detalhes".

Deus se encontra nos detalhes. A palavra é atribuída a Aby Warburg. Quem a inventou realmente? Que importa, afinal de contas, já que sempre há um antes? O historiador de arte escreveu: *"Der liebe Gott steckt im Detail."* O bom Deus se encontra nos detalhes. O bom Deus... É bem disso, portanto, que se trata. Mas detalhes demasiados são diabólicos para que se seja levado a crer neles.

Se a atribuição não é uma ciência exata, é ainda menos na literatura que na história da arte. Vaidade desses escritores que disputam a paternidade de uma palavra, ou de um traço, quando não de uma espécie de reflexão ou de *ersatz* de máxima. Vaidade mais vã ainda a de seus biógrafos quando disputam em nome de seus heróis. Antes de Aby Warburg, o arquiteto Ludwig Mies van der Rohe teria dito sensivelmente a mesma coisa, antes Flaubert, e antes ainda Spinoza, no princípio 24 da quinta parte da *Ética* ("Quanto mais compreendemos as coisas particulares, mais compreendemos a Deus"), e enfim, digamos, Michelangelo.

Em tudo se está de acordo, portanto, menos a respeito da paternidade da invenção. Só uma coisa parece adquirida: se Deus está no detalhe, ele é um artesão de primeira ordem.

No verão de 1980, o Museu Picasso ainda está no limbo, isto é, no Palácio de Tóquio. Nenhum dos lugares de trabalho do pintor é indicado para o público por uma placa. Nem sequer uma rua com seu nome. O conservador Dominique Bozo fracassa na tentativa de rebatizar como rua Pablo-Picasso a rua dos Grands-Augustins. Terá de se contentar com uma placa de *comblanchien* com letras douradas. A casa Vautcranne-Schmit-Prevot se encarrega da execução. Ainda é preciso que o conselho de administração dos oficiais de justiça de Paris dê sua autorização.

Eles continuam a ser os proprietários das paredes que sustentam a homenagem *ad vitam æternam* do gênio que dominou seu século, o mesmo que eles expulsaram por uma questão de aluguel, enquanto poderiam, na ocasião, elevar um templo à sua glória e à deles, e celebrar assim o consórcio entre a arte e a lei. Dominique Bozo submete a eles diversos textos: a quarta versão é aceita. É a única que faz menção a Balzac e não somente a Picasso. A vingança é um prato que se come frio. Resta ainda submeter este texto aos sucessores do artista. Eles fazem modificações gramaticais. Somente uma mudança de fundo: é necessário precisar que o texto de Balzac é uma novela. Nada além de uma novela. Como que para melhor sublinhar a desproporção entre a obra-prima mundialmente consagrada do pintor e a do escritor que só é obra-prima por seu título. O imenso volume romanesco que é *A comédia humana* teria feito contrapeso a *Guernica*, com o qual uma simples novela não pode rivalizar.

A placa foi colocada na sexta-feira, dia 30 de outubro de 1981, às 15 horas, pelo centenário do nascimento de Picasso. Talvez ele tivesse gostado que se gravasse, em lugar do texto oficial, aquela carta que ele recebeu um dia de um menino de nove anos e meio: "Que podemos comprar do senhor para substituir a pomba de porcelana de mamãe?"

A placa está lá desde então. Ninguém presta atenção a ela. E entre os que a percebem, quantos a sabem ler? Pouco importa o número. Ela está lá.

A personagem principal do filme *A liberdade é azul* acaba de perder o marido e a filha num acidente de carro. Ela perambula dentro de um novo apartamento ao crepúsculo. Um gato mia num patamar. A porta bate atrás dela quando ela sai, intrigada. Fechada do lado de fora aquela que o destino acaba de fechar do lado de dentro. Kieslowski pede a seu engenheiro de som que mixa o barulho de um carro batendo numa árvore e o barulho de uma porta que se fecha. Somente alguns espectadores entre milhões percebem este ínfimo detalhe. Não é preciso mais. Essas coisas são feitas para alguns. Quatro solitários não formam uma elite. Precisamente pessoas às quais um átomo de uma obra fala secretamente.

Escreve-se, pinta-se, filma-se para alguns poucos. Tanto melhor se se juntam. Caso contrário, há que pensar sempre em Beaumarchais endereçando-se a Mme de Godeville: "Se a senhora já não me ama, pior para nós."

8

Nos bolsos de Bonnard

Este não é o último capítulo. Apenas aquele que encerra a caminhada. Nunca tive dificuldade igual para terminar um livro. É ao mesmo tempo a grande virtude e a discreta perversidade do tratamento de texto o que nos confere um acesso permanente ao retoque.

Não acaba nunca. O ponto final é uma ilusão. O autor deixa escrever-se nele o que teria podido advir, e o leitor prolonga pelo seu imaginário o que adveio sob seus olhos; no mesmo instante em que o julgamos gravado no mármore, o livro torna-se matéria louca chamada a todas as metamorfoses. Há finais abertos e finais fechados. Um final aberto caracteriza o romance moderno. Guardemo-nos de sempre concluir a fim de não fechar uma obra, e deixar-lhe a possibilidade de ir além.

E depois chegar ao fim e retomar o começo. Seguem-se um mal-estar e uma embriaguez...

Quanta coisa inacabada nas *Obras completas*!

Inacabado, *O homem sem qualidades*. Quanto mais Robert Musil se aproxima do nó de seu romance, mais sua impiedosa lucidez crítica o obriga a adiar seu desfecho. Sua obra só pode existir numa inacababilidade que se tornou mito. Pura questão técnica: sempre faltarão páginas ao livro ainda que o autor lhe tenha colocado fim. Só a morte o contrariou. Como é na escrita que se decide aquilo em que se crê, ele não pode deixar de escrever sem correr o risco de deixar de crer.

Inacabados, *Os cantos de Maldoror*, de Lautréamont.

Inacabado, *O castelo*, de Kafka.

Inacabado, o *Platonov*, de Tchekhov.

Inacabadas, *Almas mortas*, de Gógol.

Inacabado, *Bouvard e Pécuchet*, de Flaubert.

Inacabados, *A vida de Marianne* e *O camponês interesseiro*, de Marivaux.

Inacabado! Inacabado! Inacabado! Também ponhamos de lado aqueles cuja morte o impediu terminar, *O último magnata*, de Scott Fitzgerald, e tantos outros.

A morte de Virgílio deixou a *Eneida* inacabada. Mas quem tem a última palavra, a obra ou o criador?

Para o escultor, isso é discutível. O bronze é tabu. Assinado, datado, cinzelado: acabado. Pode-se sempre moldá-lo, modificar a cera obtida e fundir esta nova forma em bronze, mas isso não se faz. Pode-se manipular de novo o barro cozido à falta de retocá-lo. Só o gesso autoriza todos os retoques, apesar de que as diferenças de branco denunciam a todos o infinito retoque do artista.

Um manuscrito pode estar inacabado; diz-se que está terminado quando o primeiro exemplar foi impresso, e o texto corre o risco de ser depois retomado pelo leitor para ser emendado e enriquecido sem fim ao sabor das reedições. Uma foto pode estar acabada; sabe-se que está pronta quando está seca, mas ela corre o risco de o retocador corrigir-lhe a natureza. A embalagem de um, a encadernação de outro modificam muito pouco o olhar que voltamos para as obras. Sozinho, o quadro permanece incerto quanto ao seu futuro.

Acabá-lo é matá-lo. Em alguns casos, matar-se. Alguns nunca se resolvem. O Frenhofer da *Obra-prima desconhecida* sabe que uma só versão definitiva do quadro lhe seria fatal.

Inacabados, o *São Jerônimo, A adoração dos Reis Magos,* a *Mona Lisa* e tantos outros quadros de Leonardo da Vinci. Sem razão aparente. Perdoa-se-lhe não por seu gênio, mas por seu status. Quanto mais o artista é considerado um pensador, menos o artesão que ele foi é obrigado a pôr termo à sua tarefa. O Renascimento consagra o *non finito* como a assinatura do gênio criativo. O indispensável Vasari assinala, assim, que não confere beleza e majestade aos rostos dos Apóstolos, mas deixa em suspenso o de Cristo por receio de não poder dar a ele o caráter celestial e divino que a sua imagem exige. Para justificar tantos abandonos, invocam-se razões estéticas, o espectro paralisante da perfeição, a evolução de sua arte em vias de execução, a impaciência diante da pintura e, sobretudo, uma profunda curiosidade que o instabiliza atraindo-o sem cessar para longe. Nada impede que se desconfie daquele que tem a reputação de jamais terminar.

No contrato da *Adoração*, destinada ao altar-mor de seu convento, os irmãos de San Donato se comprometem a entregar o retábulo completo num prazo de vinte e quatro a trinta meses, quando o pedido estará vencido.

Inacabado, *Amalie Zuckerland*, um óleo de Klimt, meio pintado, meio *crayonné*. Todo o vestido ficou inexplicavelmente em estado do desenho.

Inacabadas, as obras de Primaticcio. Dele não restam, essencialmente, senão desenhos preparatórios.

Inacabado, *O concerto*, de Staël, que quer habituar-se a terminar mas sem terminar. Nos últimos tempos, suas telas saem rápido demais do ateliê para seu gosto. Para encontrar o tom exato, ele só podia pôr a cor com uma sobrecarga de óleo. Algumas horas antes de saltar da janela de seu ateliê, ele escreve: "Eu não tenho força para rematar meus quadros."

Inacabados, esses frascos e jarras de que Morandi só se desapegava depois de meses ou anos. Só ele os julgava inacabados.

Inacabada, a última tela de Eugène Leroy: cerca de meio século trabalhando nela.

Inacabados, os autorretratos que Rembrandt nos convida a completar.

Inacabadas, certas partes do *Serment du Jeu de paume*. Uma obra-prima inacabada, como a Revolução. Pintada logo após a Convenção de 28 de dezembro de 1793. David, o jacobino, a abandona no estado em que estava na igreja em desuso dos Feuillants, onde a pintou. Diz-se que ele era muito devotado aos seus deveres de convencional. Ele não acaba suas telas durante os eventos, com a exceção notável dos retratos de Le Peletier de Saint-Fargeau e de Marat. As circunstâncias congelaram seus pincéis. Historicamente, o *Serment* já não tem atualidade. A prisão torna prudente, e o espectro do cadafalso torna circunspecto.

E depois como resolver a contradição entre o nu clássico e a roupa ignóbil? Frequentemente, a inacababilidade se junta ao mistério. Aos olhos de David, é inacabada toda e qualquer obra que ele não julgue digna de figurar em seu catálogo. Tudo leva a crer que, se ele tivesse acabado *Morte do jovem Bara*, não teria renovado o pequeno tamborileiro da república morto na Vandeia em 1793, andrógino de uma sensualidade feminina, nu banhando-se numa luz monocromática, o menino heroico glorificado por um discurso de Robespierre antes de ser imortalizado pelo creiom de David. Há tempos se discute sobre o estranho estado desse desenho, como se ele tomasse todo o seu sentido da absoluta pureza desse corpo *voluntariamente* desvestido. Mas a graça de uma obra não se deve também a esta incerteza?

O contexto político esclarece a decisão. Mas e quando ele é silencioso? Como explicar, em 1805, o retrato inacabado do advogado Jean-François Gilibert, já que se trata de um amigo de infância e uma de suas obras preferidas? Por que David também não acabou o *Retrato de Juliette Récamier*? Em 1800, ele ainda se diz insatisfeito, o retoma num ateliê em que a luz vem de menos alto, demora exageradamente, excita a impaciência da modelo, até que dezoito anos depois Gérard termina o que David começou. A lenda está em marcha. Para certos pintores, a obra de David não é senão um *dîner de têtes*. Fazedor de torsos!, dirá Delacroix.

Nas cartas para seu pai, Suau, aluno de David, nos deixa a par dia a dia do avanço de *Leônidas nas Termópilas*. Abandonado, reiniciado, abandonado, reiniciado... E em 13 de agosto de 1813: "Ele começou realmente a terminá-lo!" Iniciado em 1798, acabado em 1814. Jacques-Louis David morre em 1825 em Bruxelas das sequelas de uma congestão cerebral. Ele deixa suas últimas instruções indicando a um discípulo, com um movimento de bengala, como terminar bem o *Leônidas*: "Demasiado escuro... demasiado claro... A gradação das cores não está bem expressa... Esta parte ofusca... Entretanto, é bem uma cabeça de Leônidas." Fim do homem, fim da obra. Uma obra-prima nunca acaba de dizer o que tem para dizer.

É comum associar acabado e polido. O acabado é em parte ligado à morte; o inacabado, à busca da ressurreição.

Castiglione tem razão: demasiada aplicação prejudica. É preciso saber levantar a mão a tempo. Chega um momento em que basta. À força de repassar por cima, arruína-se o primeiro frescor do quadro. Só o inacabado seria tocado pela graça, pois ele é justamente um desafio à aplicação, a uma concepção laboriosa da arte, ao esforço. A arte de dissimular a arte é a assinatura da excelência. A graça não se traduz em termos de proporção e harmonia, mas segundo outra unidade de medida, no meio de regras governadas pelo mistério.

A busca da perfeição é desumana. Quentin de La Tour se lança a ela na esperança insana de revelar a verdade de um homem. Ele retoma em 1744 o retrato de Jean Restout que deu à Academia. Sua homenagem àquele a quem tanto deve não pode ser senão o infinito. "Eu não posso dizer quando ficará pronto", reconhece ele.

Sempre retomar, aprofundar ainda. Com o risco de fazer a tela acrescentando-lhe um detalhe num espírito de compromisso.

Ingres demora bem uns quarenta anos para terminar sua *Vênus anadiômene*. Aperfeiçoar, retomar, retocar. É sem fim.

O que permanece inacabado para sempre é talvez mais poderoso que o que está terminado. Sabe-se disso quando o ouvido fica de luto ao som do *Requiem* de Mozart, precisamente no oitavo compasso do *Lacrimosa*, onde ele largou sua pena para sempre.

"Inacabado" é menos duro que "não terminado". Em 1953, na revista *Look*, Matisse admite que sua grande contribuição foi trazer um sentimento de espaço pela cor. Mas como se lhe pergunta: "Qual de suas pinturas o senhor considera totalmente terminada de seu ponto de vista?", responde ele: "Sem resposta."

Chegado a certo ponto da obstinação, a inacababilidade se torna a essência da obra. É preciso ainda superar uma última contradição: dar espírito a este inacabado por uma forma relativamente acabada. Embora Delacroix assegure que para acabar um quadro basta preenchê-lo totalmente.

O Homem é inacabado. Pelo menos, é o que pretendem certos teólogos para explicar o mal. Os que escrevem consideram amiúde o fim como uma queda. Os que filmam consideram o *final cut* como um direito de vida ou morte.

A obra de Orson Welles é cheia de projetos não levados a termo, de filmes inacabados que ele deliberadamente quis deixar nesse estado para a eternidade: suas últimas vontades são mudas quanto ao futuro deles. *Soberba* foi montado e parcialmente filmado por outros. *It's All True* foi abandonado no meio e parcialmente destruído. *Dom Quixote* foi interrompido em plena filmagem. O *mercador de Veneza* foi roubado. Há um pouco de Leonardo em Welles, que abandona no meio o trabalho por tédio e curiosidade, apressado para ver alhures, com o risco de voltar a ele.

Nada revela melhor o estado de seus filmes que suas disposições testamentárias: para a esposa, os direitos sobre os filmes acabados; para a companheira, os dos filmes inacabados. À luz, a lei e a completude; na sombra, a ilegalidade e o inacabamento.

A partir de 1882, o simbolista Gustave Moreau faz aumentar as telas que ele começou vinte anos antes: *Os Reis Magos, Hércules e as filhas de Téspio, Hesíodo e as Musas*... O grande revisitador de mitos designa esses acréscimos como "detalhes aumentativos" destinados a acabar a composição dando-lhe todo o seu sentido. Os *Argonautas* foram aumentados para baixo sete anos após a execução do quadro a fim de melhor convir com a parede de seu próprio museu, ao qual ele o destina. Alguns outros parecem pedir uma modificação *ad infinitum*: *Pretendentes* foi começado antes de 1857, completado nos anos 1860, esticado em 1882 e acabado nos últimos anos de sua vida. Só a morte pode o arrebatar de sua loucura do detalhe faltante.

Suas *Salomés* foram tatuadas muito tempo depois.

O artista assombrado pelo acabamento põe a obra antes de sua própria pessoa. Ele privilegia a duração sobre o instante. Esse deveria ser o exercício supremo na ordem da humildade.

A insatisfação mina Degas. Ele sofre porque sai da casa de um de seus colecionadores sem ter recuperado o quadro que queria completar. Consegue às vezes recuperar quadros de seus compradores com esse fim. O barítono Jean-Baptiste Faure, um de seus mais fiéis colecionadores, se compadece; em 1874, aceita comprar seis telas de Durand-Ruel para permitir que as possa rematar; em troca, Degas pinta quatro novos quadros para ele. Mas fica com eles. O trabalho se arrasta por uma dezena de anos. Faure tem de ameaçá-lo de processo para que se desapegue enfim de seus quadros e lhos restitua.

Tal é o preço que deve pagar aquele que deseja aperfeiçoar o inacabado, esta loucura infinita. O trabalho é sem fim para aquele que procura a verdade. Paul Valéry o diz em substância na cintilação de uma fórmula: um artista não concede nunca que tenha chegado ao estado póstumo de seu fragmento. Seja pintor, escultor, escritor, ele sabe que a morte se perfila em todo e qualquer fim.

No seu testamento, Turner lega à nação tanto quadros acabados como quadros inacabados. *Paisagem com um rio e uma baía na distância* (1835-1840), o Turner do Louvre, o único na França, é inacabado. A não ser que o inacabado reflita um ponto de vista de fora: visto de dentro, é da ordem do não completo. Manet sabe o que falta à sua *Olympia* e ninguém sente isso como ele: um gato preto com o rabo em forma de ponto de interrogação, última provocação irônica – ele acrescentará um ano depois.

Acabar, acabar de uma vez, acabar-se. Dirigir-se a seu fim, quer dizer, ao seu ponto de perfeição. Tal busca é infinita. É de perguntar às vezes se não convém reconsiderar o extremo "acabado" da pintura neoclássica pelo ângulo da neurose. E pensar que ainda espanta que tantos artistas escolham a morte voluntária!

No século XIX, o gosto burguês dá ao acabado a honra de testemunhar justamente o trabalho efetuado pelo pintor. A obra é levada até sua finalização, o que reduz a liberdade do espectador para imaginar e criticar. É limpo e nítido o que está acabado. Tanto e tão bem que os inovadores dizem na época sofrer a tirania do acabado.

O pintor terminou quando já não se veem as elaborações, o grafite creiom sob o óleo, a rota que ele tomou e a estrutura por trás das linhas. Michelangelo queima os rascunhos de seu *Davi*, a fim de que ninguém nunca veja o trabalho em andamento, e a obra em seus inacabamentos.

Valéry ainda: o esforço cessa quando o trabalho apaga enfim todo e qualquer traço do trabalho! Já não sentimos nem sequer o toque.

Para alguns, a própria palavra "acabado" horroriza. Que eles não extraiam da reserva lexical de Dezallier d'Argenville, eminente colecionador do Grand Siècle: ele evocava as obras terminadas como "desenhos parados". Como *expert*, Pierre Rosenberg vê muito pouco deles em Watteau, nenhum em Fragonard.

Em *Se Versalhes me fosse contada*, de Sacha Guitry, um pintor se dirige a Luís XV: "Um croqui não é o esboço de uma obra-prima, mas antes seu acabamento."

Há quem prefira os croquis de Hubert Robert a seus quadros. O desenho em toda a sua nobreza, não a colocação nem a disposição das proporções.

Diderot exalta nesta promessa de obra o lugar mágico em que a alma do pintor se espalha o mais livremente. Ainda é necessário que a força da ideia não se deixe diluir no seu acabamento. Numerosas ideias primeiras são assim passadas pelas armas em nome do refinamento no momento de sua execução. Croqui, esquisso, estudo, esboço: tantas palavras para dizer inacabado. O que os italianos chamam *bozzetto*.

Quadro: uma só palavra para referir o acabado. *Picture* para os ingleses, *finished picture* ou *exhibition picture* para os americanos. Mas, quando o croqui é a obra mesma, onde situar a fronteira entre o acabado e o inacabado? Certos catálogos racionais permanecem inacabados por motivos históricos, políticos, materiais: dir-se-ão, porém, ilógicos ou irracionais?

O peregrino de museu, esta personagem que se encontra geralmente fora de temporada e em horas indevidas, tem todas as chances de ser assombrado pelo espectro da inacababilidade, por pouco que pense nele. Doravante, até a tecnologia o convida a isso: redigindo o inventário dos retoques do artista, a radiografia de uma tela o torna arqueólogo. Nada é tão indiscreto como esta descida às profundezas do quadro, pois ela põe a nu suas angústias. Pelo menos ela lhe permite às vezes emoções inéditas: a descoberta de um quadro inacabado sob um quadro invertido e acabado. Assim como o *Cristo morto* (de 1530) de Rosso Fiorentino. Às vezes, isso salta aos olhos. Isabelle d'Este encomenda a Correggio uma alegoria da virtude para seu palácio de Mântua. Três museus possuem hoje uma versão diferente dela. A da National Gallery of Scotland, em Edimburgo, é estranha. O quadro está lá, menos a personagem central, que está ausente. Sua silhueta fantasmagórica quase não está nem esboçada. Ela deve sair da moldura à noite para assombrar e apavorar as personagens que dormem tranquilamente nas suas. Os especialistas discutem ainda o sentido deste inacabamento.

Pascal Quignard conta que *A leitora à mesa amarela* é o único quadro de Matisse que ficou inacabado. Ele o pintava no dia em que a filha voltou da deportação: saído de sua tela para abraçá-la, ele foi incapaz de penetrar lá de novo.

Bonnard diz que, quando entra num museu, as janelas são a primeira coisa que ele olha, pois delas é que vem a verdadeira luz. Quando eu entro em Bonnard, faço seu inventário imediatamente, pois lá jaz sua tristeza.

"Aos inocentes, bolsos cheios." Os seus o são de pintura: cores frias no bolso direito da jaqueta, cores quentes no outro, e os pincéis no bolso cardíaco. Um dos marchands assegura que frequentemente ele se contenta com um só pincel e com um só tubo de branco: o de suas telas se oxidam, é preciso dar-lhe uma pequena pincelada de quando em quando para evitar o amarelamento. Ei-lo prestes a se entregar a "esta paixão caduca da pintura".

Marthe já não está lá, mas sua presença assombra a obra. Trezentos e oitenta e quatro quadros têm sua marca. Se a ideia de se separar de sua mulher lhe veio ao espírito, Bonnard a abandona imediatamente, pois isso equivale a separar-se de sua obra. A ideia aflora ao fim de trinta anos de vida comum quando ele se apaixona por sua modelo, Renée Monchaty.

Ele renuncia à ideia, ela renuncia à vida.

Atrás da bonomia, uma ironia de todo indulgente. Com seu ar cândido, dar-se-ia a Bonnard absolvição sem confissão. Ele mordisca pralinas antes de atacar um quadro. Depois acende o cachimbo. Um puro, um verdadeiro. Os jovens artistas que o visitam no Cannet são tocados por sua gentileza e sua modéstia. Eles o escutam calar-se como se voltassem o ouvido para um Ancião, ou para um sábio. É verdade que Bonnard nasce quando Ingres morre. Os dois acontecimentos não têm relação, mas são lembrados. Por que, por exemplo, é lembrado que Gide vem ao mundo quanto Berlioz falece?

A humildade feita pintura. Guardemo-nos porém de fazer de Bonnard um santo leigo. Pode-se matar alguém escondendo-se debaixo da própria gentileza. Tudo está na reportagem de Cartier-Bresson ao Cannet em 1944. Bonnard vive então anos de solidão, longe de seu caro lado normando, onde o céu e a luz são de uma beleza sem igual. Ele está muito enfadado por se ver envelhecer, partir em pedaços e sentir o fim aproximar-se no momento em que ele entrevê enfim o que é a pintura.

Seu céu interior se ensombra rapidamente com a perda sucessiva dos entes queridos, seu irmão Charles, seu irmão de armas Vuillard, seus companheiros combatentes Maurice Denis, K. X. Roussel, Maillot e sobretudo sua esposa, Marthe.

O trabalho é um refúgio que não aclara nada.

Bonnard como que se entoca diante de uma objetiva. Gostaria de se fundir no cinza da parede. E quase o consegue à força de se aplicar a ela para melhor escapar ao olhar ciclópico do fotógrafo.

Bonnard, Cartier-Bresson, dois mestres do olhar. Crer-se-ia um relato onírico. Em 19 de fevereiro de 1998, eu caminho como

Bonnard com Cartier-Bresson, que acompanho a Londres. Na entrada da National Portrait Gallery, o guarda lhe pede cortês mas firmemente que pendure sua Leica no vestiário entre chapéus e guarda-chuvas. O uso de máquina fotográfica não é autorizado neste recinto, sir! Ele obedece, encantado de que o guarda não tinha reconhecido seu rosto, apesar de este estar afixado em todas as partes dos arredores como num cartaz de procura-se. Toda uma ala é consagrada às fotos que ele fez do pintor, cuja retrospectiva ele viu essa manhã mesma na Tate Gallery. Ele está deslumbrado. O que seus olhos viram lhe cortou os joelhos em sentido próprio como em figurado. Confirmação brilhante de que Bonnard é o padrão.

Cerca de meio século se passou desde sua visita ao grande homem, e ele nunca mais voltou. Michel Terrasse, o sobrinho-neto, contou-lhe que Bonnard detestava ser fotografado, mas lhe havia aberto uma exceção: o pequeno Cartier, eu lhe disse sim porque ele é jovem e porque precisa de dinheiro! Espantado de que Bonnard não o tenha esquecido, Henri se lembra de que ele estava demasiado tímido para fotografar de frente. Um retrato é um face a face, não uma imagem roubada do modelo.

Não se obriga aquele a quem se admira, não se aponta uma máquina para Bonnard.

Bonnard é taciturno, quase um mudo. Os visitantes ficam sempre impressionados com sua faculdade de se calar diante da pintura. Discrição, segredo, pudor. Por que se esfalfar para contar aquilo que o pintor se matou para pintar? O silêncio favorece também os mal-entendidos. Sob a Ocupação, como falta tão cruelmente carvão e leite que ele pensa até a deixar seu ateliê, seus admiradores em Vichy creem ajudá-lo encomendando-lhe um retrato do marechal. Ele se safa dessa situação reservando-se o direito de destruir o futuro ícone se ele não lhe agradar. O projeto é enterrado.

Nada de cavalete, nem sequer de suporte de madeira. Não o incomoda pintar numa tela pendurada na parede. Ele trabalha em vários quadros ao mesmo tempo, os abandona, a menos que faça decantar os pigmentos tal como um bom vinho. Bonnard pinta sobretudo de memória a partir de um desenho, sua faculdade de impregnação é ainda mais pujante que sua memória visual, o instinto triunfante da inteligência, a alma tomada de inquietude, a dúvida sem a irresolução. Mas sua hesitação é ritual antes de assinar – com uma estrela –, pois assinar é acabar.

Aquele que termina dá o golpe de misericórdia.

Bonnard se permite retomar tudo. Se ele conserva a maioria dos desenhos preparatórios, é justamente na perspectiva de aperfeiçoar os quadros. Quem sabe se não jaz no fundo dele a injunção de seu "pai" um pouco categórico, esse Renoir que o exortava a embelezar.

Pratos servem de paleta. Dez anos depois, ele persiste em retocar, transformar, melhorar, arriscando-se até a estragar. Retomar o trabalho vinte vezes: se a expressão não se encontrasse em Boileau, crer-se-ia inventada por ele.

Assim que volta tal quadro de uma exposição nos Estados Unidos, ele já o retoma. É um batente de porta que dá para um cômodo semiescuro. Há anos ele sente que não está bem: julgar-se-ia a superfície cortada em duas partes distintas. Ele faz o que é preciso para que ela reencontre a unidade.

A chave de tudo é a composição. Sua caderneta de croquis é uma coleção de formas. O pincel em uma das mãos, o pano na outra. Assim avança o insatisfeito. Acabar, terminar uma obra tal como ela deve ser. É o que diziam as academias outrora. "Tal como deve ser": um abismo se abre sob estas palavras.

Quando sente a morte rondar, ele pensa em burilar seus trabalhos. Acabar o inacabado: o *Cavalo de circo* dez anos depois, *Nu no banho com cãozinho* cinco anos depois, *O ateliê da mimosa* sete anos depois. Eles vivem longe dele doravante. A distância adquire o tom de uma reprovação. Deus, por que nos abandonaste? O *Cavalo de circo* tem esta data curiosa: "1934-1946." Desconcertante para esses críticos e historiadores da arte tão prontos a identificar, etiquetar, organizar. Dez anos para um quadro!, com que semear a confusão entre as maneiras e os períodos.

Num dia em que almoça com seu sobrinho, Charles Terrasse, conservador do Museu de Fontainebleau, ele está sentado de costas para o quadro. No fim da refeição, imediatamente, ele acrescenta toques de negro e de azul-escuro no fundo dele. Mas o exercício do retoque pode ser uma aventura igualmente arriscada.

Bonnard ronda como um delinquente no Museu de Grenoble, surpreendido em flagrante delito quando retoca seu *Interior branco*. Encontramo-lo depois no Luxemburgo. Ele espreita o guia. Espia o guarda. Quando se engolfam na vaga de turistas, ele não tem nenhuma dificuldade em se misturar com os japoneses. Quanto mais envelhece, mais seu rosto se niponiza. Bonnard na multidão arregala os olhos com ela diante de um Bonnard. Mas, a partir do momento em que eles passam para outra sala, ele saca suas tintas e seu pincel, bem como uma minúscula paleta, e o retoca às ocultas de todos. Alguns toques de luz aqui e ali. Nada é tão furtivo como a arte às furtadelas. Ocioso precisar que o ato é considerado ilegal e que o clandestino sabe que se expõe a uma pena.

É proibido, tenha-se a intenção de destruir ou a de embelezar, trate-se de um estranho ou do próprio autor.

O regulamento do Louvre vale para outros museus. É proibido introduzir ali armas e munições, substâncias explosivas, inflamáveis ou voláteis. Aos obsessivos do inacabado, perfeccionistas e outros Bonnards concerne o parágrafo 3 do artigo 5º, relativo às armas brancas da sexta categoria: baionetas, punhais, clavas, cassetetes, bengalas com espada, bengalas chumbadas ou ferradas, menos as que só são ferradas em uma ponta, bestas, bastões de beisebol, armas elétricas de neutralização de pessoas, matracas japonesas ou nunchakus, estrelas de atirar, socos-ingleses, estilingues, sprays imobilizadores, arcos, correntes, navalhas de barbear, sabres dobráveis ou não e disparadores de projéteis hipodérmicos.

Ligando dois pincéis entre si por suas extremidades com um barbante, o "pintor japonês" dispõe de uma matraca japonesa. Bonnard é um artista perigoso.

"E, dado seu golpe, desaparecer, radiante como um colegial depois de uma inscrição vingativa no quadro-negro", lembra-se seu amigo, o crítico de arte Georges Besson.

Os artistas têm menos a temer da guarda do museu que das medidas de represália de seus protetores. Na corte de Charles d'Amboise, Leonardo sabe que será multado em cento e cinquenta florins cada vez que entregar uma obra com atraso.

As paredes de seu quarto estão vazias. Da janela, Bonnard vê uma árvore tantas vezes pintada. Um amigo, um cúmplice, um companheiro fiel esta árvore. Eles se tuteiam desde 1925. *Amendoeira em flor* (1947) é seu último quadro, de formato pequeno, 55 centímetros de altura, 37 centímetros de largura. Um selo postal para os artistas monumentais de todos os tempos. Uma miniatura que ele pede a Charles Terrasse que retoque para ele. Tão debilitado que não tem força sequer para levantar um pincel. Que importa, se está já assinado? Falta algo. Um pouco de amarelo, um pouco de dourado em lugar do verde nesse pedaço de terra embaixo à esquerda, pois só a cor pode romper a cor.

Justamente para deter a exploração do olhar. Sabe-se que está insatisfeito quando o que pinta não é nada além da cor, nem sequer luz. Doravante sua luz o faz sair da parede. Tudo pela cor. Uma vida inteira ao redor dela.

Bonnard está extenuado. Ele morre no meio de um retoque. Poderíamos reescrever toda a história da arte sob o prisma da retomada. O último gesto de Bonnard na última obra é o do retocador. Não para terminar, mas para prosseguir, pois a perfeição não é deste mundo. Ernst Jünger lhe dá razão. Encerrando de novo sua biografia, ele justifica esta tendência pelo fato de que ele, o pintor, dependendo mais da matéria que os outros artistas, se considera possuidor de sua obra. Até o fim.

Só que ele já está a quatro nuvens de casa.

Acabar é encerrar. As mais belas obras são inacabadas porque estão em suspenso. Paul Valéry sustenta que, quando se fala de obra acabada, é preciso sempre precisar que se trata de um acabamento material; não existe nenhum sinal incontestável do acabamento intrínseco de uma obra.

Um simples gesto pode ser uma obra de arte. François Truffaut hesita durante anos antes de tentar encontrar seu pai desconhecido. Quando um detetive lhe manda seu relatório de investigação, ele vai sozinho a Belfort numa noite de setembro de 1968, à procura do doutor Roland Lévy, cirurgião-dentista; espera que ele entre, embaixo de seu imóvel do Bulevar Carnot. Mas, quando o homem empurra a porta, Truffaut não fala com ele; depois hesita em tocar a campainha, hesita ainda, desiste e vai refugiar-se no cineclube da esquina para rever *Em busca do ouro*. Dir-se-á que ele não teve coragem de conhecer seu pai desconhecido para não transtornar sua vida. Bastava-lhe, entretanto, acabar o curso de seu gesto. Retendo-o, ele talvez tenha feito algo mais poderoso e mais sólido do que se o tivesse levado a seu destino.

Às vezes é preferível que as coisas fiquem em suspenso. A coisa tem seus prós e contras para todo o mundo. Para um psicanalista também: fim da cura, análise sem fim, a desora...

Nem tudo deve ser elucidado.

Os *Pensamentos* de Pascal estão acabados, mas, na ausência de plano, devem sua finalização a outros. Os que se sucedem no curso dos séculos para regular a ordenação desses fragmentos imprimem sua marca na compilação. Sua perspectiva a modificou.

A caminho de Veneza, durante uma parada em Milão, André Suarès se deixa levar por uma piedade sem mescla diante da *Última Ceia* em Santa Maria das Graças. E o que lhe inspira a mais ilustre das imagens da Itália? "Todas as obras de Leonardo perderam para o que as acaba: elas são negras, e o negro é o luto da vida."

Ninguém melhor que o pintor pode decidir sobre o estado de acabamento de seu quadro. Jean Rustin diz que está acabado quando, olhando-o, não pensa em mais nada e ele sabe não ter nada mais para mudar. Uma doce satisfação o invade quando surge esta estranha convicção de que o quadro existe enfim. Sua obra o fascina. Nada mais que dizer.

Um artista jamais deveria escrever a palavra "Fim". Ele pode deixar sua obra de lado, pode até jurar pelos seus deuses que não tocará mais nela saboreando antecipadamente a volúpia do perjuro. Mas pôr fim, jamais. Seria o mesmo que roubar sua alma.

Numa carta, Picasso assegura que o gesto é de todo digno de um *puntillero*, nome dado nas arenas àquele que dá o golpe de misericórdia no touro quando a estocada não o matou.

A morte de Bonnard não acaba sua obra, que permanece amplamente invisível durante dezessete anos: a duração de sequestro devido a uma sucessão problemática. O processo é indigno do bom nome de Bonnard, até então imaculado. É necessária esta história para que o encontremos entre os marchands de desenhos inacabados.

Um quadro, como um poema, jamais termina. Ele está apenas abandonado. A obra suspensa clama por sua continuação. Não tem fim. A loucura está em ação nesta lógica, a de um artista com o espírito corroído pela dúvida.

Na pequena caderneta de Bonnard, encontra-se este comentário respeitosamente expresso por um pintor de paredes quando trabalhava na casa dele: "Senhor, a primeira camada em pintura sempre dá certo; eu espero o senhor para a segunda..." A segunda... porque ele jamais teria podido assegurar que não haveria uma terceira.

E se a vocação de uma obra de arte fosse permanecer *definitivamente* inacabada?

RECONHECIMENTO DE DÍVIDAS

Um biógrafo é sempre devedor dos livros de seus predecessores, e um multibiógrafo mais ainda. Se se quer reconhecer alguma densidade a esta obra, que se saiba, pois, de onde ela vem...

passouline5@hotmail.com

Epígrafe
Robert Pinget, *Taches d'encre*, Minuit, 1997.

1. *Rosebud*.
Daniel Arasse, *Le détail. Pour une histoire rapprochée de la peinture*, Flammarion, 1992; Robert L. Carringer, *The Making of "Citizen Kane"*, University of California Press, Berkeley, 1985.

2. *A "Duquesa" de Kipling*.
Rudyard Kipling, *Œuvres*, Gallimard, "Bibliothèque de la Pléiade", 2001; Thomas Pinney, *The Letters of Rudyard Kipling*, Macmillan, 1990-2005; Kingsley Amis, *Rudyard Kipling and his World*, Thames and Hudson, Londres, 1975; Catherine Grive-Santini, *Guide des cimetières militaires en France*, Le Cherche-Midi, 1999; Tonie and Valmai Holt, *My*

boy Jack? The Search for Kipling's Only Son, Leo Cooper, Barnsley, South Yorkshire, 2001; Jean-Luc Fromental, edição e tradução de *Tu seras un homme, mon fils* e de *Lettres à son fils*, Mille et Une Nuits, 1998; David Gilmour, *The Long Recessional. The Imperial Life of Rudyard Kipling*, Pimlico, Londres, 2003; Alberto Manguel, *Kipling. Une brève biographie*, Actes Sud, 2004; André Maurois, *Les silences du colonel Bramble*, 1918; Adam Nicolson, *The Hated Wife. Carrie Kipling 1862-1939*, Short Books, 2001; Rainer Maria Rilke, *Œuvres poétiques et théâtrales*, Gallimard, "Bibliothèque de la Pléiade", 1997; coleção do *The Kipling Journal*, Londres; Angus Wilson, *The Strange Ride of Rudyard Kipling*, Secker and Warburg, Londres, 1997.

3. *A bengala-banco de Monsieur Henri.*

Yves Bonnefoy, *Goya, Baudelaire et la poésie*, La Dogana, Genebra, 2004; Marianne Haraszti-Takacs, *Les maîtres espagnols de Zurbarán à Goya*; Gérard Macé, *La photographie sans appareil*, Le Temps qu'il fait, 2001; Max Milner, *L'envers du visible*, Seuil, 2005; André Malraux, "Saturne. Le destin, l'art et Goya", in *Écrits sur l'art*, Gallimard, "Bibliothèque de la Pléiade", 2005.

4. *Celan sem seu relógio.*

Paul Celan, *Choix de poèmes*, tradução de Jean-Pierre Lefebvre, Gallimard, col. "Poésie", 1998; *Contrainte de lumière*, tradução de Bertrand Badiou, Belin, 1989; *De seuil en seuil*, tradução de Valérie Briet, Christian Bourgois, 1991; *Pavot et mémoire*, tradução de Valérie Briet, Christian Bourgois, 2001; *Poèmes*, tradução de John E. Jackson, José Corti, 2004; *Œuvres en prose*, tradução de Jean Launay, Seuil, 2002; *Rose de personne*, tradução de Martine Broda, José Corti, 2002; *Enclos du temps*, tradução de Martine Broda, Clivages, 1985; *Grilles de parole*, tradução de Martine Broda, Christian Bourgois, 1991; *Entretien dans la montagne*, tradução de Stéphane Mosès, Verdier, 2001; *Strette et autres poèmes*, tradução de Jean Daive, Mercure de France, 1990; *Poèmes*, tradução de André du Bouchet, Mercure de France, 1995; Jean Bollack, *Poésie contre poésie, Celan et la littérature*, PUF, 2001; Hans-Georg Gadamer, *Qui suis-je et qui es-tu?*, Actes Sud, 1973; Emmanuel Levinas, *Paul Celan, de l'être à l'autre*, Fata Morgana, 2002; *Paul Celan. Poésie et poétique*, Klincksieck, 2002; *Paul Celan*, revista *Europe*, números 861-862, janeiro-fevereiro de 2001; Dominique de Villepin, *Éloge des voleurs de feu*, Gallimard, 2003; Pierre Mertens, *Écrire après Auschwitz?* La Renaissance du livre, Tournai, 2003; Contrejour, *Études sur Paul Celan*, conversa de Cerisy editada por Martine Broda, Cerf, 1986; Edmond Jabès, *La mémoire des mots. Comment je lis Paul Celan*, Fourbis, 1990; Henri Michaux, "Sur le chemin de la vie, Paul Celan...", *Œuvres complètes, III*, Gallimard, "Bibliothèque de la Pléiade", 2004; *La bibliothèque philosophique de Paul Celan*, editado por Alexandra Richter, Patrick Alac e Bertrand Badiou, prefácio de Jean-Pierre Lefebvre, Presses de l'École normale supérieure, 2005; Jean Samuel e Jorge Semprun, "Autour de Primo Levi", em *L'École des lettres*, número 6, novembro de 2002; Hadrien France-Leanord, *Paul Celan et Martin Heidegger. Le sens d'un dialogue*, Fayard, 2004; Jean-Pierre Martin, *Henri Michaux*, Gallimard, 2003; Yves Bonnefoy, *Le nuage rouge*, Mercure de France, 1992; John E. Jackson "Bonnefoy et Celan", em *Yves Bonnefoy et l'Europe du XXe siècle*, Presses universitaires de Strasbourg, 2003; Enzo Traverso, *L'histoire déchirée. Essai sur Auschwitz et les intellectuels*, Cerf, 1997; Andréa Lauterwein, *Paul Celan*, Belin, 2005; Nelly Sachs e Paul Celan, *Correspondance*, traduzida por Mireille Gansel, Belin, 1999; Paul Celan e Gisèle Celan-Lestrange, *Correspondance*, editada e comentada por Bertrand Badiou com o concurso de Éric Celan, Seuil, 2001.

5. *Sob o cachecol de Jean Moulin.*

Jean Moulin, *Premier combat*, Minuit, 1983; Daniel Cordier, *Jean Moulin*, tomo 2. *Le choix d'un destin, juin 1936-novembre 1940*, Lattès, 1989; Jean Moulin, *La République des catacombes*, Gallimard, 1999; Laure Moulin, *Jean Moulin*, Presses de la Cité, 1969; Henri Amouroux, *Le peuple du désastre*, Robert Laffont, 1976; Albrecht Betz, *Exil et engagement. Les intellectuels allemands et la France 1930-1940*, Gallimard, 1991; Jean-Michel Palmier, *Weimar en exil*, Payot, 1988; Maurice Pinguet, *La mort volontaire au Japon*, Gallimard, 1984; François de Negroni e Corinne Moncel, *Le suicidologue. Dictionnaire des suicidés célèbres*, Le Castor astral, 1997; Élisabeth Roudinesco, *Histoire de la psychanalyse en France*, Fayard, 1994; *Dictionnaire de la psychanalyse* (com Michel Plon), Fayard, 1997; Roger Langeron, *Paris juin 40*, Flammarion, 1946; Jean-Pierre Azéma, *Jean Moulin, la politique, le rebelle, le résistant*, Perrin, 2003; *1940, l'année terrible*, Seuil, 1990; Jean-Yves Le Naour, *La honte noire*, Hachette, 2005; Robert Belot, *Henri Frenay. De la Résistance à l'Europe*, Seuil, 2003; Michel Fratissier, *Historiographie sur Jean Moulin*, DEA, université Paul-Valéry Montpellier III, 1999; *Jean Moulin préfet d'Eure-et-Loir*, actes du colloque, Conseil général d'Eure-et-Loir, 2000; Tilla Rudel, *Walter Benjamin, l'ange assassiné*, Mengès, 2006.

6. *Os sapatos novos de Mr. Owen.*

Philippe Daudy, *Les Anglais*, Plon, 1989; James Darwen, *Le chic anglais*, Hermé, 1990; Farid Chenoune, *Des modes et des hommes. Deux siècles d'élégance masculine*, Flammarion, 1993; Christine Jordis, *Une passion excentrique. Visites anglaises*, Seuil, 2005; Paul Burrell, *Confidences royales*, Michel Lafon, 2003; Olivier Barrot, *Mon Angleterre. Précis d'anglopathie*, Perrin, 2005.

7. *Uma placa: rua dos Grands-Augustins*.

Honoré de Balzac, *Le chef-d'oeuvre inconnu et autres nouvelles*, edição de Adrien Goetz, Gallimard, "Folio", 1994; Thierry Chabanne (sob a direção de), *Autour du "Chef d'oeuvres inconnu de Balzac"*, École nationale supérieure des Arts décoratifs, ENSAD, 1985; *Les archives de Picasso*, "On est ce que l'on garde!", RMN, 2003; Hans Belting, Werner Spies et alii, *Qu'est-ce qu'un chef-d'œuvre?*, Gallimard, 2000; Alicia Dujovne Ortiz, *Dora Maar. Prisonnière du regard*, Grasset, 2003; Picasso, *Propos sur l'art*, Gallimard, 1998; Brassaï, *Conversations avec Picasso*, Gallimard, "Idées", 1964; Françoise Gilot e Carlton Lake, *Vivre avec Picasso*, Calmann-Lévy, 1991; Pierre Cabanne, *Le siècle de Picasso*, Gallimard, 1992; Roland Penrose, *Picasso*, Flammarion, 1982; James Lord, *Picasso and Dora. A Memoir*, Weidenfled and Nicolson, 1993.

8. *Nos bolsos de Bonnard*.

Daniel Arasse, *On n'y voit rien*, Denoël, 2000; *Histoires de peintures*, Denoël, 2004; Avigdor Arikha, *Peinture et regard. Écrits sur l'art, 1965-1993*, Hermann, 1994; Antoine de Baecque e Serge Toubiana, *François Truffaut*, Gallimard, 1996; Serge Bramly, *Léonard de Vinci*, Lattès, 1988; Eugène Delacroix, *Dictionnaire des beaux-arts*, Hermann, 1996; Ernst Jünger, *Journaux de guerre*, Julliard, 1990; Lakis Proguidis, "L'âme numérique", in *L'Atelier du roman*, número 39, setembro de 2004; Paul Valéry, *Degas Danse Dessin*, Gallimard, 1965; Pierre Rosenberg, *Du dessin au tableau*, Flammarion, 2001; Georges Besson, artigo sobre Bonnard in *Le Point*, janeiro de 1943; Peter Galassi, *Corot en Italie. La peinture de plein air et la tradition classique*, Gallimard, 1991; Francis Haskell, *De l'art et du goût jadis et naguère*, Gallimard, 1989; André Suarès, *Voyage du condottiere*, Granit, 1984.

Este livro foi impresso na Editora JPA Ltda.
Av. Brasil, 10.600 – Rio de Janeiro – RJ
para a Editora Rocco Ltda.